중생과 자기부인

중생과 자기부인

- **초판 1쇄 발행** 2018년 5월 20일

- **지은이** 황영철
- **펴낸이** 민상기 · **편집장** 이숙희 · **펴낸곳** 도서출판 **드림북**
- **인쇄** 남성문화사   · **제본** 영광문화사

- **등록번호** 제 65 호 · **등록일자** 2002. 11. 25.
- 경기도 의정부시 가능1동 639-2(1층)
- Tel (031)829-7722, Fax(031)829-7723

- 잘못된 책은 교환해 드립니다.
- 이 출판물은 저작권법에 의해 보호를 받는 저작물이므로 무단 복제할 수 없습니다.
- 독자의 의견을 기다립니다.

| 성의의 소리 4

중생과 자기부인

황영철 지음

드림북

서 문

 이 책은 강설 사이트에 올리기 위해 녹음한 강의의 원고입니다. 중생과 자기부인은 신자의 생활을 이해함에 있어서 필수적인 내용입니다. 그래서 이 책에서는 중생과 자기부인에 대한 설명을 제공할 뿐만 아니라, 중생이라는 비가시적이고 초자연적인 하나님의 선물은 자기부인이라는 가시적 생활의 열매로 드러남을 보여주려 했습니다. 사도 바울이 복음을 "하나님의 능력"이라고 말했듯이 중생에서 하나님의 초자연적인 능력이 발휘됩니다. 이렇게 발휘된 능력은 필연적으로 변화를 만들어냅니다. 만약 변화가 일어나지 않는다면 아무 능력도 발휘되지 않았다는 증거가 될 것입니다. 중생의 변화는 순간적이지만 중생의 결과는 자기부인의 생활로 이어질 수 밖에 없습니다. 중생과 함께 시작된 이 자기부인의 생활은 평생동안 지속됩니다. 그래서 중생한 사람은 자기부인의 생활을 이해하고 거기서 전진하게 됩니다. 이 책이 그런 문제에 대한 이해에 도움이 되기 바랍니다.

2018. 4.

황영철

차례

서문   5

1부 중생
01. 중생의 초자연성   9
02. 중생의 사실성과 중생의 결과로서의 의식   16
03. 구약의 중생, 중생과 하나님 나라   23
04. 중생과 예수님   32
05. 예수님, 중생, 율법 준수   41
06. 신비한 연합과 하나님의 사랑   49
07. 중생과 하나님 나라   58
08. 중생의 씻음(1)   67
09. 중생의 씻음(2)   75

2부 자기 부인
10. 하나님이 정하신 방법으로 하나님께 나아가야 함   87
11. 자기 부인의 가르침의 배경   98
12. 베드로가 생각한 사람의 일   110
13. 종교적 열심   123
14. 자기부인과 인간관   135
15. 지속적 자기 부인이 필요한 이생의 상태   146
16. 자기 십자가를 짐(1)   161
17. 자기 십자가를 짐(2)   175
18. 자기 십자가를 짐(3)   189

1부
....
중생

01
중생의 초자연성

3 예수께서 대답하여 이르시되 진실로 진실로 네게 이르노니 사람이 거듭나지 아니하면 하나님의 나라를 볼 수 없느니라 4 니고데모가 이르되 사람이 늙으면 어떻게 날 수 있사옵나이까 두 번째 모태에 들어갔다가 날 수 있사옵나이까 5 예수께서 대답하시되 진실로 진실로 네게 이르노니 사람이 물과 성령으로 나지 아니하면 하나님의 나라에 들어갈 수 없느니라 6 육으로 난 것은 육이요 영으로 난 것은 영이니 7 내가 네게 거듭나야 하겠다 하는 말을 놀랍게 여기지 말라 (요 3:3-7)

성경이 가르친 중생 혹은 거듭남이라는 진리에 대해 배우는 두 가지 목적이 있습니다.

첫째, 하나님께서 믿는 자에게 베푸신 지극히 큰 은혜의 선물에 대해 잘 알아서 진정한 감사를 드리려는 것입니다. 하나님의 자녀는 하나님으로부터 크고 좋은 선물을 받았지만, 그것을 잘 알지 못하면 자기가 받은 것을 충분히 향유하지 못하고, 그에 따라 하나님께 마땅히 드려야 할 감사도 드리지 못할 것이며, 그만큼 자신을 완전히 드리고 섬기고자 하는 열망도 약해질 것입니다. 그러므로 중생이 얼마나 큰 은혜인지 알 필요가 있습니다.

둘째, 중생한 사람으로 산다는 것이 어떤 것인지를 배워서 그대로 살기 위한 것입니다. 이는 중생에 대한 오해, 혹은 부정확한 이해로 말미암은 혼돈이 교회 안에 늘 있어 왔고 지금도 있기 때문입니다. 중생이란 신성하고 기이한 일입니다. 그렇다면 중생한 사람으로 산다는 것도 신성하고 기이한 일입니다. 중생한 사람의 생활이란 중생하지 못한 사람과 비교해서 좀 더 나은 삶이 아니라 전혀 다른 능력과 원리에 의한 삶입니다. 중생한 사람의 생활은 당연히 도덕적이어야 합니다. 하지만 만약 중생한 사람의 생활이 일반적인 의미에서 도덕적이기만 하다면, 불신자 중에도 도덕적인 사람들이 많이 있는데 그들과 무엇이 다른가 하는 질문이 일어납니다. 그러므로 중생한 사람의 생활이 세상의 도덕군자와 뭐가 다른가 하는 점이 분명해야 합니다.

요한복음 3:3-7에서 배울 수 있는 교훈을 요약하면 중생은 종교생활과 반드시 일치하는 것은 아니라는 사실과, 중생은 초자연적인 현상이라는 사실입니다.

중생이 종교 생활이 아니라는 것을 먼저 보겠습니다. 예수님을 찾아온 니고데모는 유대인의 고위 관료이면서 종교 지도자였습니다. 후에 그는 예수님을 은근히 변호하기도 하고 (요 7:50-51), 예수님의 장례를 거들기도 했습니다 (요 19:39). 전설에 의하면 그는 뒤에 예수님의 충실한 제자가 되었다고 합니다. 그래서 동방 정교와 로마 카톨릭에서는 그를 성자로 받들고 있습니다.

이와 같이 이스라엘의 선생으로 백성에게 하나님의 율법을 가르치는 종교 지도자였던 니고데모와 예수님의 대화를 읽어보면 그는 아직 중생하지 않았을 뿐더러 중생이 무엇인지 알지도 못했습니다. 이스라엘에게 율법 곧 하나님의 법을 가르치는 직위에 있으면서도 중생하지도 않았고, 중생에 대해 알지도 못했다면, 우리는 여기서 중생이 종교 생활과 반드시 일치하는 것은 아니라는 것을 배울 수 있습니다. 니고데모는 이스라엘의 선생이었고, 예수님을 찾아올 정도로 진지한 사람이었으므로 자기가 아는 한 당시 유대교에 충실했을 것입니다. 유대교는 사람의 가르침이 아니라 하나님의 계시에 근거해 있다고 자처하는 종교였습니다. 그런 유대교의 종교 생활에 충실했지만 그는 중생하지 않았습니다. 그러므로 중생한 사람의 생활과 충실한 종교 생활이 반드시 일치하지는 않습니다.

사람은 중생하지 않고도 종교 생활에 열심을 낼 수 있습니다. 그래서 다른 종교들도 존재하고, 번성하기도 하며, 다른 종교에도 열렬한 신도들이 있는 것입니다. 이것을 보면 사람에게 종교성이 있다는 것을 알 수 있습니다. 어느 시대에도 종교가 없었던 적은 없으며, 또한 종교가 없는 곳도 없습니다. 그런데도 어떤 사람은 자기는 종교가 없다고 주장합니다. 그러나 그렇게 주장하는 사람에게도 절대적으로 중요한 어떤 것은 반드시 있습니다. 바로 그것이 그 사람에게는 종교입니다. 왜냐하면 종교란 절대적인 대상에 대한 절대적인 충성이기 때문입니다. 이와 같이 사람은 기존 종교의 형식을 취하든 취하지 않든 반드시 종교적일 수 밖에 없습니다. 많은 사람에게는 자기 행복이, 어떤 사람에게는 가족이, 또 어떤 사람에게는 민족이 종교가 되어 있을 뿐이지, 사람이 종교적이 아닐 수는 없습니다.

그런데 계시 종교인 기독교에 들어와서 기독교인 노릇을 할 때에도 이런 종교성에 의해서 종교 생활을 하는 것이 가능하다는 것을 니고데모의 예에서 배울 수 있습니다. 우리 주변에서도 그런 예를 찾을 수 있습니다. 어떤 사람은 다른 종교에 있다가 기독교로 개종합니다. 이럴 때에 그 사람은 중생에 의해서 개종할 수도 있지만 자기의 종교성을 가지고 그냥 종교를 바꾼 것일 수도 있습니다. 또한 기독교에 있다가 교회를 떠나거나, 다른 종교로 개종하는 사람에게는 그 사람이 과거 기독교인 노릇할 때는 어떤 힘에 의해서 그렇게 했는지를 물을 수 있습니다. 그는 중생의 결과 그 능력으로 기독교인 노릇을 한 것이 아니라 사람의 종교성을 가지고 했음이 분명합니다. 그러니까 기독교를 자기 종교로 가지고 있다가 아예 종교를 버리거나, 다른 종교로 개종을 하거나 하는 것입니다. 이런 예에서 볼 수 있듯이 기독교도 다른 종교와 마찬가지로 외적으로 종교의 형태를 취하고 있으므로 사람은 중생하지 않고도 기독교라는 종교에 들어와서 그 종교의 규례를 따라 종교인 노릇을 할 수 있습니다. 이런 종교 생활은 중생과 관계가 없습니다. 중생의 결과가 아니라면 참된 신앙의 결과가 아닙니다. 그것은 불신의 한 형태일 뿐입니다.

그렇다면 진정한 신자의 생활은 중생과 함께 시작된다는 것을 확정할 수 있습니다. 그리고 진정한 신자의 생활은 종교인의 생활이 아닙니다. 종교인의 생활은 불신자라도 할 수 있습니다. 니고데모가 여전히 불신자이면서도 유대교라는 계시 종교에서 종교인으로 충실히 살 수 있었던 것과 같습니다.

이제 중생의 특성에 대해서 살펴 보겠습니다. 중생에 대해서 가장 먼저 분명히 해야 하는 사실은 그것이 초자연적인 일이라는 점입니다. 중생이란 사람이 생각해낸 것도 아니고, 사람이 스스로 일으킬 수 있는 일도 아니며, 사람 안에 그 가능성을 가진 일도 아닙니다. 그것은 완전히 초자연적인 일, 즉 사람을 포함한 자연의 질서를 벗어난 곳에 근원이 있는 일입니다. 그것이 요한복음 3:5의 '물과 성령으로 거듭난다'는 말에 나타납니다. 즉 중생은 성신의 일이라는 말입니다. 이것은 다른 말로 하면 사람의 일이 아니라는 뜻입니다. 이 진리를 잘 가르치는 성경의 다른 말씀이 고린도전서 2:6-10에 있습니다.[1]

이와 같이 성신과 관련된 일은 오직 성신께서 이루시고 가르치십니

---

[1] 6 그러나 우리가 온전한 자들 중에서는 지혜를 말하노니 이는 이 세상의 지혜가 아니요 또 이 세상에서 없어질 통치자들의 지혜도 아니요 7 오직 은밀한 가운데 있는 하나님의 지혜를 말하는 것으로서 곧 감추어졌던 것인데 하나님이 우리의 영광을 위하여 만세 전에 미리 정하신 것이라 8 이 지혜는 이 세대의 통치자들이 한 사람도 알지 못하였나니 만일 알았더라면 영광의 주를 십자가에 못 박지 아니하였으리라 9 기록된 바 하나님이 자기를 사랑하는 자들을 위하여 예비하신 모든 것은 눈으로 보지 못하고 귀로 듣지 못하고 사람의 마음으로 생각하지도 못하였다 함과 같으니라 10 오직 하나님이 성령으로 이것을 우리에게 보이셨으니 성령은 모든 것 곧 하나님의 깊은 것까지도 통달하시느니라 (고전 2:6-10).

다. 그것은 신성한 세계에 속한 사실이므로 사람의 능력이 미치지 못합니다. 중생이 바로 이렇게 성신께 속한 일입니다. 그 일은 사람에게서 발생하지만 그 기원은 하나님입니다. 이것이 중생의 특이한 점입니다.

또한 중생은 성신께 속한 일이므로 오직 성신만이 사람에게 중생을 일으킬 수 있습니다. 그것은 비유컨대 출생에서 발생하는 일과 유사합니다. 모든 사람은 출생의 결과 세상에 존재하게 됩니다. 스스로의 힘으로 출생한 사람은 없습니다. 또한 출생하기를 원해서 출생한 사람도 없습니다. 출생해야 한다는 것을 알고 출생한 사람도 없습니다. 출생하기 전에 사람은 존재가 없었기 때문입니다. 출생이란 전적으로 자기 이외의 힘에 의해서 결정되고 성취됩니다. 중생도 이와 같습니다. 중생하기 전에 중생을 알고 중생하기로 작정하는 사람은 없습니다. 중생해야겠다고 결심하고 중생하는 사람도 없습니다.

그러므로 중생은 오직 하나님이 예수 그리스도 안에서 성신을 통해서 일으키는 신성한 일입니다. 그것은 사람이 경험할 수 있는 가장 크고 기이한 일입니다. 또한 사람이라는 한계를 넘어가는 일입니다. 이런 일이 발생한 사람 안에서는 새로운 생명이 움직이기 시작합니다. 그것은 사람이 자기 힘으로 만들어낼 수 있는 생활이 아니라 신성한 능력이 사람에게 작용하고 사람이 다시 태어난 결과 나타나는 생활입니다. 중생을 경험하고 그 능력으로 산다는 것은 이렇게도 크고 기이한 일입니다. 중생한 사람은 크게 기뻐하면서 감사하는 것이 마땅

합니다. 중생하지 않은 사람에게 가장 먼저 필요한 것이 이 은혜이지, 어떤 종교 생활을 열심히 하는 것이 아닙니다. 종교 생활은, 그것이 기독교적인 종교 생활이라 하더라도, 중생하지 않고도 가능합니다. 하지만 참된 신자의 생활은 성신께서 일으키시는 중생이 아니면 시작도 할 수 없고 계속할 수도 없습니다

02
중생의 사실성과
중생의 결과로서의 의식

> 14 그러나 내게는 우리 주 예수 그리스도의 십자가 외에 결코 자랑할 것이 없으니 그리스도로 말미암아 세상이 나를 대하여 십자가에 못 박히고 내가 또한 세상을 대하여 그러하니라 15 할례나 무할례가 아무 것도 아니로되 오직 새로 지으심을 받는 것만이 중요하니라 (갈 6:14-15)

중생을 포함한 기독교 진리에 대해서 생각할 때 주의해서 기억해야 하는 사실 하나는, 중생은 개인의 주관적인 경험이 아니라 창조와 같은 큰 일이 한 개인에게서 발생한다는 것입니다.

갈라디아서 6:15의 '새로 지으심을 받았다'라는 말이 새로운 창조라는 뜻입니다. 이것은 기존에 있던 것을 이렇게 저렇게 해서 만드는 것이 아니라 아주 새로 만드는 것과 같다는 뜻입니다. 당시 갈라디아 교회에서는 할례를 받느냐 안 받느냐 하는 문제가 굉장한 논쟁거리였으나, 사도 바울은 그것이 아무 의미가 없다고 말합니다. 중요한 것은 새로운 피조물이 되는 것입니다. 즉 하나님이 사람을 새로 창조하는 일이 있어야 한다는 것입니다. 거기서부터 새로운 생명이 주어지고 새로운 생활이 시작됩니다. 그것이 중생입니다.

오늘날 사람들은 중생과 같은 기독교 진리를 '생각하기 나름'의 문제라고들 합니다. 거기에 객관적인 어떤 사실이 있는 것이 아니라, 그렇게 생각하면 그렇고 그렇게 생각하지 않으면 그렇지 않다는 식의 생각입니다. 그래서 기독교 진리에 대해서 이야기하면 사람들은 자주 '당신은 그렇게 믿으니까 그렇겠지만 나는 그렇게 믿지 않으니 나에게는 그렇지 않소'라는 식으로 대답합니다. 즉 신자가 믿는 것이 실제로 그러냐 아니냐 하는 사실 영역의 문제가 아니라 개인의 주관적 신념의 문제라는 것입니다. 이것은 대단히 큰 오류입니다. 기독교 신앙은 그렇다고 믿으니까 그런 것이 아닙니다. 그것이 실제로 그러니까 그렇다고 인정하고 믿는 것입니다. 이런 점에서 믿음은 참된 지식이라는 칼빈의 말은 음미할만합니다. 신앙이란 실체가 없는 어떤 것에 대해 주관적인 생각으로 그렇다고 믿는 것이 아닙니다. 신앙이란 실제로 사실이 그렇다는 것을 확실히 알고 그 지식에 논리적으로 따라오는 결과를 따라 사는 것입니다.

창조와 구속이라는 두 가지 중요한 사실을 예로 들어 생각하겠습니다. 창조란 사람이 그렇게 믿으면 그렇고 그렇게 믿지 않으면 그렇지 않은 일이 아닙니다. 하나님은 말씀으로 이 세상을 창조했고, 그 결과로 세상이 이렇게 존재하는 것입니다. 그러므로 세상이 없지 않고 있다는 것은 하나님이 세상을 창조했다는 사실의 결과입니다. 마치 이 세상이 있다고 생각하면 있고 없다고 생각하면 없는 것이 아니듯이, 하나님이 세상을 창조했다고 믿으면 창조한 것이고 창조하지 않았다고 믿으면 창조하지 않은 것이 아닙니다. 하나님은 천지를 창조했고, 천지가 와해되거나 사라지지 않도록 지속적으로 유지하시니까 지금 천지가 존재합니다. 창조 교리를 믿는다는 말은 그 사실에 대한 확실한 지식을 가진다는 말입니다. 그러므로 이 세상이 하나님의 소유이고, 하나님의 통치 아래에 있으며, 사람은 이 세상을 만든 하나님의 뜻에 순종해서 살아야 한다는 것이 논리적으로 뒤따라 옵니다. 창조의 사실을 확실히 알고 그에 합당하게 사는 것이 창조를 믿는다는 말의 뜻입니다.

이것은 구원의 사실 곧 예수님의 십자가와 부활에 대해서도 동일하게 말할 수 있습니다. 예수님이 십자가에서 죄인의 죄를 대신 지고 고난을 당하고 죽으셨으며, 장사 되었다가 사흘 만에 부활해서 승천했고, 지금 하나님 보좌 우편에 계시면서 모든 것을 통치하신다는 것은 실제로 발생했고 지금도 계속되고 있는 사실입니다. 사람이 어떻게 생각하든 그것은 발생한 사실입니다. 신앙이란 그 발생한 사실을 분명히 아는 것입니다.

그리고 발생한 그 일은 실제 효과를 발휘합니다. 어떤 큰 일이 역사에서 발생하면 그 이후 역사는 그 일이 발생하지 않았을 때와는 다른 역사가 됩니다. 전기가 발견된 이후의 역사는 그것이 발견되지 않았을 때의 역사와 같을 수 없습니다. 전기는 발견되었고 우리는 그 발견이 바꾸어 놓은 역사 속에서 사는 것입니다. 예수님의 구원의 일에 대해서도 유사한 점을 말할 수 있습니다. 복음 사실이 실제로 발생했기 때문에 이제 역사 속에서 어떤 세력이 활동합니다. 복음을 믿고 그리스도를 의지하여 하나님께 나아가는 사람은 구원을 받아서 하나님께 받아들여지는 행복한 삶을 삽니다. 복음을 듣고도 믿지 않고 거부하는 사람은 하나님과의 적대적인 관계가 해결되지 않아서 정죄와 영원한 멸망이 선언됩니다. 그러므로 복음을 듣는 모든 사람은 위기 앞에 서게 됩니다. 복음을 믿고 구원을 받든지 복음을 거부하고 멸망을 당하는 것입니다. 역사에서 발생한 복음 사실은 인간 역사에 능력으로 이런 결과를 냅니다.

만약 복음이 실제 사실이 아니라 사람이 생각하기 나름이라면 복음이 선언하는 일들은 실제로 발생하지 않을 것입니다. 복음을 믿고 구원받았다고 생각하는 사람도 실제로 구원을 받는 것이 아니라 그저 자기는 구원받았다고 생각하는 것에 불과할 것입니다. 또한 복음을 믿지 않고 멸망 당하는 사람도 실제로는 없을 것입니다. 단지 신자만 그들이 멸망 당한다고 생각할 뿐일 것입니다. 하지만 그렇지 않습니다. 복음은 실제 사실이므로 사람을 구원하거나 사람의 멸망을 확정하는 결과를 내는 것입니다.[2] 그래서 로마서는 복음을 능력이라고 말합니다.[3] 즉 복음은 관념이나 의견이나 추측이 아니라 능력이라고 했습니다. 복음이 능력인 이유는 그것이 실제로 발생한 사실이기 때문입니다.

이 동일한 원리가 중생에도 적용됩니다. 중생이란 실제로 발생하는 어떤 현상입니다. 실제로 중생이라는 일이 발생하는지 아닌지 확실치 않지만 그냥 그렇다고 믿어야 하는 어떤 것이 아닙니다. 마치 어린아이가 출생하여 우리 눈앞에 있으면 그 아이가 출생한 사실이 분명하듯이, 중생한 사람은 실제로 성신에 의해서 새로 태어난 사람으로 존재하는 것입니다. 일단 출생한 아이가 다시 출생하지 않은 상태로 되돌아가지 못하는 것처럼, 일단 중생한 사람은 그 사실을 되돌리지 못합니다. 그것은 확정되었고 그 사람은 중생한 사람으로 영원히 존재하는 것입니다. 그래서 한 번 받은 구원은 확실한 것입니다. 진정으로 구원받은 사람이 구원에서 떨어질 수는 없습니다. 이는 한 번 발생한 중생의 사실이 발생하지 않은 것처럼 취소될 수 없는 까닭입니다.

그러므로 중생에 대해 생각할 때 그것을 하나의 종교적인 관념 정도로 생각하는 것은 부당합니다. 그것을 생각하기 나름의 일로 간주

---

2) 15 우리는 구원 받는 자들에게나 망하는 자들에게나 하나님 앞에서 그리스도의 향기니 16 이 사람에게는 사망으로부터 사망에 이르는 냄새요 저 사람에게는 생명으로부터 생명에 이르는 냄새라 누가 이 일을 감당하리요 (고후 2:15-16).

3) 16 내가 복음을 부끄러워하지 아니하노니 이 복음은 모든 믿는 자에게 구원을 주시는 하나님의 능력이 됨이라 먼저는 유대인에게요 그리고 헬라인에게로다 (롬 1:16).

하는 것도 부당합니다. 초자연적이고 신성한 성신의 능력이 사람에게 임하면 그에게서 중생이라는 사실이 현실로 발생합니다. 이것이 실제적인 현저한 변화이기 때문에 중생한 사람은 자기에게서 이상한 일이 발생했다는 것을 압니다. 과거에는 도저히 그렇게 믿어지지도 않았고, 그렇게 생각되지도 않았으며, 그렇게 원하지도 않았던 일들이 믿어지고, 생각나며, 원하게 됩니다. 이 새로운 것이 갑자기 자기에게 너무나 당연히 느껴져서 이전에 자기가 어떻게 이런 일을 믿지 못할 수 있었을까? 이렇게 분명한 사실을 어떻게 알지 못하고 살았을까? 하고 놀라게 됩니다. 그리고 그것을 믿지 못하는 것이 도리어 낯설게 느껴집니다. 자기가 과거에 꿈도 꾸지 못했고 상상도 못했던 어떤 일이 자기 안에서 일어난 것을 스스로 알게 됩니다. 그 사람이 중생이라는 진리에 대해서 잘 알지 못한다 하더라도 그런 변화는 실제로 발생하는 것이고, 그 변화를 경험한 사람은 그것을 아는 것입니다. 즉 중생은 실제적인 변화를 일으키고 그 변화를 경험함으로 사람은 자기가 중생했음을 확증할 수 있습니다.

이런 변화의 경험은 중생의 결과이지 중생 그 자체는 아닙니다. 중생 그 자체는 사람이 의식하지 못합니다. 그것은 의식 이전의 일인 까닭입니다. 중생은 타락한 사람의 성품 자체를 바꾸는 일입니다. 나무가 변하여 새로운 열매를 맺는 것에 비교할 수 있습니다. 새로운 열매가 나오는 것은 나무가 변화된 결과입니다. 자기가 중생했다는 의식은 그 열매에 속합니다. 그래서 중생 자체는 의식되지 않습니다. 중생한 사람은 중생이 일으킨 변화를 의식하는 것입니다. 따라서 엄밀하게 말해서 사람은 자기가 정확하게 언제 중생했는지 알지 못합니다. 그가 자기의 중생의 사실을 아는 것은 중생이 그에게 일으킨 변화를 경험해서 아는 것입니다.

03
구약의 중생, 중생과 하나님 나라

6 육으로 난 것은 육이요 영으로 난 것은 영이니 7 내가 네게 거듭나야 하겠다 하는 말을 놀랍게 여기지 말라 8 바람이 임의로 불매 네가 그 소리는 들어도 어디서 와서 어디로 가는지 알지 못하나니 성령으로 난 사람도 다 그러하니라 9 니고데모가 대답하여 이르되 어찌 그러한 일이 있을 수 있나이까 10 예수께서 그에게 대답하여 이르시되 너는 이스라엘의 선생으로서 이러한 것들을 알지 못하느냐 (요 3:6-10)

구약에도 중생에 대한 가르침이 있었고, 중생한 사람들도 있었습니다. 요한복음 3:10에 보면, 예수님께서 니고데모에게 "너는 이스라엘의 선생으로서 이러한 것들을 알지 못하느냐"고 하신 말씀이 있습니다. 이 말씀은 니고데모를 꾸짖는 말씀입니다. 그가 이스라엘의 선생이라면 당연히 예수님께서 중생에 대해 하시는 말씀을 알아들었어야 했습니다. 그런데 알아듣지 못했으니, 어떻게 네가 이스라엘의 선생이라고 할 수 있겠느냐 하는 뜻입니다. 동시에 네가 백성에게 도대체 지금까지 뭘 가르쳤느냐 하는 질책의 의미도 담겨 있습니다. 중생하지 못하면 하나님 나라를 볼 수도 없고 들어갈 수도 없으니 당연히 니고데모는 백성에게 중생의 진리부터 가르쳤어야 합니다. 그런데 그가 그 진리를 알지 못하고 있었으니 가르쳤을 리가 만무합니다. 그러니까 백성들은 어두움 속에서 헤매고 있었을 수밖에 없었습니다.

그런데 여기서 의문이 일어납니다. 니고데모가 중생의 도리를 어디서 배워야 했겠느냐는 것입니다. 대답은 자명합니다. 구약에서 배웠어야 합니다. 구약이 이미 중생의 도리를 가르쳤습니다. 그러므로 니고데모는 구약을 잘 배워서 거기서 중생의 도리를 알고 있었어야 합니다. 만약 그랬더라면 예수님께서 중생에 대해 가르치셨을 때 즉시 그 말씀을 알아듣고 그 다음 의제 곧 하나님 나라와 중생의 관계로 나아갔어야 합니다. 그런데 니고데모는 중생에 대해 전혀 알지 못했습니다. 그래서 한다는 말이 "사람이 늙으면 어떻게 날 수 있사옵나이까 두 번째 모태에 들어갔다가 날 수 있사옵나이까"(요 3:4)라고 했고, 주님께서 다시 자세히 설명해 주시자 이번에는 "어찌 그러한 일이 있을 수 있나이까"(요 3:9)라고 질문했던 것입니다. 그러니까 예수님께서 "너는 이스라엘의 선생으로서 이러한 것들을 알지 못하느냐"(요 3:10) 하고 꾸짖으신 것입니다. 설명을 해줘도 알아듣지 못한 것입니다. 다시 말하면 니고데모는 구약의 중요한 진리에 대해 무지했던 것입니다.

결론부터 말하면 구약은 육신의 할례와 마음의 할례를 비교하면서, 중생을 마음에 할례를 받는 것이라고 가르쳤습니다.

하나님께서 아브라함과 그의 후손에게 할례를 명하셨습니다. 할례는 오늘날 포경수술과 같은 것입니다.[4] 이 명령에 의하면 할례를 행한다는 것은 아브라함과 그 후손이 하나님과 영원한 언약을 맺는다는 것을 의미합니다. 할례가 남기는 흔적은 언약의 표징으로서 그들이 하나님과 언약 관계에 들어갔다는 물질적 증거입니다. 이렇게 해서 그들은 자기들이 하나님과 언약 관계 속에 있다는 것을 항상 상기해야 했습니다.

그러면 육신에 할례를 받기만 하면 하나님과 이스라엘 백성이 정상적인 관계에 들어갈까요? 그렇지 않습니다. 언약에는 내용이 있습니다. 할례를 받아야 한다는 것은 지켜야 할 언약의 일부입니다. 할례 이외에 이스라엘 백성이 지켜야 하는 다른 언약의 내용들이 있습니다.[5] 특별히 창 18:19을 보면 이스라엘이 의와 공도를 행해야 하는 이유는 하나님이 그들의 하나님이 되시기 때문입니다. 그러므로 언약의 내용에는 양면이 있습니다. 하나님이 이스라엘 백성의 하나님이 되신다는 사실이 있고, 이스라엘 백성이 행위가 완전하여 의와 공도를 행한다는 사실이 있습니다. 이것이 언약의 양면입니다. 하나님은 이

---

4) 9 하나님이 또 아브라함에게 이르시되 그런즉 너는 내 언약을 지키고 네 후손도 대대로 지키라 10 너희 중 남자는 다 할례를 받으라 이것이 나와 너희와 너희 후손 사이에 지킬 내 언약이니라 11 너희는 포피를 베어라 이것이 나와 너희 사이의 언약의 표징이니라 (창 17:9-11).

5) 나는 전능한 하나님이라 너는 내 앞에서 행하여 완전하라 (창 17:1하); 19 내가 그로 그 자식과 권속에게 명하여 여호와의 도를 지켜 의와 공도를 행하게 하려고 그를 택하였나니 이는 나 여호와가 아브라함에게 대하여 말한 일을 이루려 함이니라 (창 18:19).

미 이스라엘의 하나님이 되기로 작정하셨습니다. 그러므로 이스라엘 백성이 언약을 지켜 의와 공도를 행하기만 하면 됩니다. 그 중에서도 할례는 이스라엘 백성이 다른 모든 이방 민족과 달리 하나님과 이런 언약 관계 가운데 들어간다는 사실을 확증하는 것입니다. 그래서 할례가 특별한 의미를 가지는 예식이 되었습니다.

그들이 하나님과 맺은 언약의 내용이 모세 율법에서 더 풍부하고 구체적으로 드러났습니다. 그렇다면 할례를 통해서 언약 가운데 들어간 아브라함의 후손은 율법으로 주어진 언약의 조항을 지켜야 할 의무를 지게 됩니다. 그것이 할례의 궁극적 의미입니다. 할례는 그들이 하나님과 언약을 맺었다는 사실의 선언이면서 동시에 그 언약에 신실하겠다는 약속입니다. 이 신실성은 율법 준수를 통해서 구현되어야 합니다. 그들이 모세를 통해서 주어진 율법을 지킨다면 그들은 할례의 정신에 합당하게 사는 것입니다. 그러나 만약 그들이 율법을 준수하지 않는다면 그들은 할례의 정신에 역행하는 것이며 할례는 아무 의미가 없게 됩니다. 약속이 깨어지면 계약서는 종이 조각이 되는 것과 같은 원리입니다. 이것이 할례의 기능이요 뜻입니다.

그런데 광야 사십 년 동안에, 출애굽 당시 20세 이상인 남자 603,550명 중에서 여호수아와 갈렙 두 사람만 빼고는 전부 광야에서 죽었습니다. 출애굽할 때에는 가나안을 약속 받았으므로 원래 계획에 의하면 전부 가나안에 들어갔어야 합니다. 그렇다면 그들에게 할례가 도대체 무슨 의미가 있습니까? 하나님께서는 신명기 10:12-16

에서 이 문제에 대한 대답을 주셨습니다. 그 중에서 특별히 14-16절이 중요합니다.[6] 여기서 처음으로 '마음의 할례'라는 개념이 등장합니다. 그러므로 육신의 할례와 마음의 할례가 같은 것이 아닙니다. 그러면 마음에 할례를 받지 못한 상태가 어떤 것일까요? 그것이 신명기 29:2-4에 기록되어 있습니다.[7] 광야에서 죽어간 이스라엘 백성의 상태 곧 마음에 할례를 받지 못한 상태는 '깨닫는 마음과 보는 눈과 듣는 귀'를 받지 못한 것입니다. 그것이 광야에서 이스라엘 백성이 보여준 신비한 불순종의 근본 원인입니다. 이스라엘 백성은 광야에서 하나님의 기이한 능력을 무수히 경험했습니다. 열 가지 재앙, 홍해 물이 갈라지는 것, 애굽 군대가 그 물에 몰살 당하는 것, 만나, 메추라기, 반석에서 물이 나오는 것 등 그들이 직접 목격하고 경험한 하나님의 능력은 셀 수 없을 정도입니다. 그런데도 그들은 그 능력과 기적들이 무엇을 뜻하는지 알지 못했습니다. 하나님께서 그들에게 깨닫는 마음, 보는 눈, 듣는 귀를 주지 않으셨기 때문입니다. 이와 동일한 백성의 영적 무지가 요한복음 6장의 오병이어의 기적과 관련하여 기록되어 있습니다.

---

6) 14 하늘과 모든 하늘의 하늘과 땅과 그 위의 만물은 본래 네 하나님 여호와께 속한 것이로되 15 여호와께서 오직 네 조상들을 기뻐하시고 그들을 사랑하사 그들의 후손인 너희를 만민 중에서 택하셨음이 오늘과 같으니라 16 그러므로 너희는 마음에 할례를 행하고 다시는 목을 곧게 하지 말라 (신 10:14-16).

7) 2 모세가 온 이스라엘을 소집하고 그들에게 이르되 여호와께서 애굽 땅에서 너희의 목전에 바로와 그의 모든 신하와 그의 온 땅에 행하신 모든 일을 너희가 보았나니 3 곧 그 큰 시험과 이적과 큰 기사를 네 눈으로 보았느니라 4 그러나 깨닫는 마음과 보는 눈과 듣는 귀는 오늘까지 여호와께서 너희에게 주지 아니하셨느니라 (신 29:2-4).

그런데 신명기 30장에 보면 마음에 할례를 받지 못한 백성이 불순종으로 인한 형벌을 받은 후에 하나님이 그 백성의 마음에 할례를 베푸시리라는 것이 기록되어 있습니다.[8] 그렇다면 마음에 할례를 받지 못한 사람에게 육신의 할례가 무슨 의미가 있을까요? 그 대답이 예레미야 9:25-26에 있습니다.[9] 이 말씀은 육신에만 할례를 받고 마음에 할례를 받지 않은 것은 전혀 할례를 받지 않은 것과 아무 다를 것이 없음을 가르칩니다. 그래서 할례를 받지 못한 열국과 할례를 받은 유다가 함께 벌을 받습니다. 결국 관건은 마음의 할례이지 육신의 할례가 아닙니다. 이 중요한 진리가 로마서에서 훌륭하게 가르쳐졌습니다.[10]

여기에 근본적인 문제가 무엇인지 드러납니다. 이스라엘 백성은 하나님과 언약을 맺고 그 표시로 할례를 받았습니다. 하나님은 그 언약에 충실했습니다. 그러나 이스라엘 백성은 충실하게 하나님을 사랑하거나 순종하지 않았습니다. 결국 그들의 할례가 아무 소용이 없게

---

8) 6 네 하나님 여호와께서 네 마음과 네 자손의 마음에 할례를 베푸사 너로 마음을 다하며 뜻을 다하여 네 하나님 여호와를 사랑하게 하사 너로 생명을 얻게 하실 것이며 (신 30:6).

9) 25 여호와의 말씀이니라 보라 날이 이르면 할례 받은 자와 할례 받지 못한 자를 내가 다 벌하리니 26 곧 애굽과 유다와 에돔과 암몬 자손과 모압과 및 광야에 살면서 살쩍을 깎은 자들에게라 무릇 모든 민족은 할례를 받지 못하였고 이스라엘은 마음에 할례를 받지 못하였느니라 하셨느니라 (렘 9:25-26).

10) 28 무릇 표면적 유대인이 유대인이 아니요 표면적 육신의 할례가 할례가 아니니라 29 오직 이면적 유대인이 유대인이며 할례는 마음에 할지니 영에 있고 율법 조문에 있지 아니한 것이라 그 칭찬이 사람에게서가 아니요 다만 하나님에게서니라 (롬 2:28-29).

되었습니다. 그들은 이방인에게 망하여 포로로 끌려갈 것입니다. 그렇다면 이제 하나님 나라는 어떻게 되는 것입니까?

이 문제에 대한 답이 예레미야 31:31-34에 있습니다.[11] 그 문제에 대한 해답은 하나님께서 새 언약을 세우시는 것입니다. 하나님이 정하신 미래의 어떤 날이 되면 하나님이 이스라엘 백성과 새 언약을 세울 것입니다. 그런데 그 언약은 이전의 언약과 다른 특성을 가집니다. 곧 하나님의 법이 그들의 마음에 기록된다는 점이 특이합니다. 법이 마음에 기록된다는 것은 그 마음이 법에 합당하게 변하리라는 뜻입니다. 그러면 그들이 기쁨으로 하나님의 법을 지킬 것입니다. 그 법을 지키지 않으면 마음이 불편하게 될 것입니다. 법과 마음이 어울리게 되었으니 그 법을 거슬리는 것을 마음이 기뻐하지 않기 때문입니다. 이 동일한 내용을 에스겔 36:23-27에서도 가르쳤습니다.[12]

---

11) 31 여호와의 말씀이니라 보라 날이 이르리니 내가 이스라엘 집과 유다 집에 새 언약을 맺으리라 32 이 언약은 내가 그들의 조상들의 손을 잡고 애굽 땅에서 인도하여 내던 날에 맺은 것과 같지 아니할 것은 내가 그들의 남편이 되었어도 그들이 내 언약을 깨뜨렸음이라 여호와의 말씀이니라 33 그러나 그 날 후에 내가 이스라엘 집과 맺을 언약은 이러하니 곧 내가 나의 법을 그들의 속에 두며 그들의 마음에 기록하여 나는 그들의 하나님이 되고 그들은 내 백성이 될 것이라 여호와의 말씀이니라 34 그들이 다시는 각기 이웃과 형제를 가르쳐 이르기를 너는 여호와를 알라 하지 아니하리니 이는 작은 자로부터 큰 자까지 다 나를 알기 때문이라 내가 그들의 악행을 사하고 다시는 그 죄를 기억하지 아니하리라 여호와의 말씀이니라 (렘 31:31-34).

12) 25 맑은 물을 너희에게 뿌려서 너희로 정결하게 하되 곧 너희 모든 더러운 것에서와 모든 우상 숭배에서 너희를 정결하게 할 것이며 26 또 새 영을 너희 속에 두고 새 마음을 너희에게 주되 너희 육신에서 굳은 마음을 제거하고 부드러운 마음을 줄 것이며 27 또 내 영을 너희 속에 두어 너희로 내 율례를 행하게 하리니 너희가 내 규례를 지켜 행할지라 (겔 36:25-27).

이 구절이 특별히 우리의 주의를 끄는 것은 여기에 물과 성신이 함께 등장하는 까닭입니다. 이스라엘 백성이 포로로 잡혀간 결과 열국 중에서 여호와의 이름이 더럽힘을 받았습니다. 하나님은 그것을 견딜 수 없었습니다. 그래서 이스라엘을 건지실 것입니다. 이스라엘이 훌륭하거나 쓸모가 있어서 건지시는 것이 아닙니다. 그들로 인해 하나님의 거룩한 이름이 수치를 당하는 것을 허용할 수 없는 것입니다. 그래서 하나님은 열국 중에서 그들을 모으실 것입니다. 그런데 그들은 이방인과 섞이고 우상을 섬긴 까닭에 이방에서 더러워졌습니다. 그러므로 물로 그들의 더러움을 씻어야 합니다. 이렇게 씻은 다음에는 그들에게 새 마음을 주고 하나님의 신을 주어 하나님의 율례와 규례를 지켜 행하게 할 것입니다. 이것이 이스라엘 백성의 불순종에 대한 하나님의 궁극적인 해법입니다.

이제 우리는 왜 니고데모가 물과 성신으로 거듭난다는 주님의 교훈을 알고 있었어야 하는지를 이해하게 됩니다. 지금까지 본 것처럼 구약은 물과 성신으로 거듭나는 도리를 분명히 가르칩니다. 이 중생이야말로 사람의 마음이 부패하고 악하여 하나님 나라를 볼 수도, 들어갈 수도 없는 절망적 현실을 해결해 줍니다.

결론적으로, 중생의 도리는 구약의 역사 속에서 마음의 할례라는 교훈으로 충분히 가르쳐졌습니다. 그리고 중생이 왜 필요하며 무엇과 연결되는지도 분명해졌습니다. 사람은 중생해야 하나님의 법을 지키게 됩니다. 하나님의 법을 지켜야 지상에 하나님의 나라가 섭니다.

그렇게 되어야 하나님의 뜻이 이루어지고 그 영광이 드러납니다. 그러므로 우리는 예수님께서 중생을 하나님 나라와 연결시킨 이유를 알게 됩니다. 여기서 우리는 또 한 가지 진리를 배울 수 있습니다. 지금까지 중생을 다룰 때에는 대개 한 개인이 죽었다가 살아나는 것과 연결시켰습니다. 하지만 중생은 언약의 성취, 하나님의 나라와 연결해서 이해해야 합니다. 나아가서, 최후의 관건은 마음이 새로워져서 하나님의 법을 지키는 것입니다. 중생의 사실은 종교적인 생활에 의해 입증되는 것이 아니라 하나님의 법을 순종하는 생활에 의해 입증됩니다.

04
중생과 예수님

18 예수 그리스도의 나심은 이러하니라 그의 어머니 마리아가 요셉과 약혼하고 동거하기 전에 성령으로 잉태된 것이 나타났더니 19 그의 남편 요셉은 의로운 사람이라 그를 드러내지 아니하고 가만히 끊고자 하여 20 이 일을 생각할 때에 주의 사자가 현몽하여 이르되 다윗의 자손 요셉아 네 아내 마리아 데려오기를 무서워하지 말라 그에게 잉태된 자는 성령으로 된 것이라 21 아들을 낳으리니 이름을 예수라 하라 이는 그가 자기 백성을 그들의 죄에서 구원할 자이심이라 하니라 22 이 모든 일이 된 것은 주께서 선지자로 하신 말씀을 이루려 하심이니 이르시되 23 보라 처녀가 잉태하여 아들을 낳을 것이요 그의 이름은 임마누엘이라 하리라 하셨으니 이를 번역한즉 하나님이 우리와 함께 계시다 함이라 (마 1:18-23)

구약의 중생에 해당하는 마음의 할례라는 진리가 하나님의 말씀을 불순종하던 광야 이스라엘 백성을 배경으로 하여 가르쳐졌습니다. 하나님의 말씀을 순종한다는 것은 육신의 할례만으로 되는 일이 아닙니다. 그것은 오직 마음에 할례를 받아야 가능합니다. 출애굽한 백성이 광야 40년 동안 보여준 불순종은 앞으로 이스라엘 백성이 보여 줄 불순종의 전형이 됩니다. 그래서 모세는 이미 신명기에서 그들이 불순종에 대한 형벌로 이방에 붙잡혀 갈 것이고, 그 때에야 비로소 하나님께서 그들 마음에 할례를 주실 것임을 예언하였던 것입니다.

그런데 이 마음의 할례를 백성에게 베푸는 일이 신약의 교회에 대한 약속임을 또한 보았습니다. 가장 현저한 두 구절을 예레미야와 에스겔의 예언에서 보았습니다. 특히 에스겔은 물로 씻고 성신으로 새롭게 한다는 중요한 진리를 가르쳤습니다. 이 두 교훈은 요한복음 3장에서 '물과 성령으로 거듭난다'는 말로 표현되었고, 디도서 3:5에서는 "중생의 씻음과 성령의 새롭게 하심"이라는 교훈으로 요약되었습니다. 또한 마음의 할례의 문제는 로마서 2:28-29에서 훌륭하게 요약되었습니다. 이런 구절들은 마음의 할례와 중생이 신구약을 통해서 동일한 내용으로 가르쳐졌음을 보여 줍니다.

4강에서는 하나님께서 중생의 은혜를 사람들에게 베풀어 지상에 거룩한 나라를 세우기 위한 준비로써 하신 핵심적인 일을 보겠습니다. 하나님께서는 그냥 사람들에게 중생의 은혜를 베풀지 않습니다. 그 일을 하시기 전에 먼저 예수 그리스도를 보내어 중생한 사람들에게 나누어 줄 생명을 확보하는 일을 하셨습니다. 하나님께서 하신 이 일은 참으로 은혜롭고 크게 감사한 일입니다. 예수 그리스도에게서 발생한 일을 보면, 죄인에게 중생의 길이 확보된 사실을 알게 될뿐더러, 중생한 사람으로 산다는 것이 어떤 것인지를 또한 명확히 알게 됩니다.

마태복음 1:18-23은 일 년에 한 번 주로 성탄절에 읽는 구절입니다. 바로 예수 그리스도께서 성신의 능력으로 처녀의 몸에 잉태되어 세상에 오셨다는 사실의 기록입니다. 이 일은 신자가 중생하여 새 생명을 받는 일과 아주 밀접하게 연결되어 있습니다. 예수 그리스도께서는 남자의 후손이 아닌 여자의 후손으로 세상에 오셨습니다. 창세기 3:15에 "내가 너로 여자와 원수가 되게 하고 네 후손도 여자의 후손과 원수가 되게 하리니 여자의 후손은 네 머리를 상하게 할 것이요 너는 그의 발꿈치를 상하게 할 것이니라"는 말씀이 있는데, 여기서 말하는 여자의 후손이 바로 예수 그리스도이십니다. 예수 그리스도는 인간 역사에서 유일하게 아담의 후손이 아니었습니다. 이는 성신께서 마리아의 몸에 생명의 힘을 불어넣은 결과 예수 그리스도가 탄생하셨기 때문입니다. 여기에 예수님의 생명의 독특성이 있습니다. 예수님의 생명은 다른 모든 인간의 생명과 다릅니다. 모든 인간은 아담의 후손으로 왔으므로 아담적인 생명을 가집니다. 그러나 예수님은 아담의 후손으로 온 것이 아니라 성신으로 잉태되어 여자의 후손으로 오셨으므로 성신적인 생명을 가집니다. 그러니까 예수님의 생명은 오로지 성신적이며, 완전히 성신적입니다. 예수님이 이런 인물로서 최초입니다. 그럼에도 예수님은 죄인을 건지기 위해 사람의 몸을 입으심으로 사람의 연약을 취하셨습니다. 십자가에서 그 몸이 죽고 부활하실 때에는 부패하지 않고 영원히 유지되는 새로운 몸을 입으셨습니다. 예수님이 다시 오시고 역사가 정리되면 구원 받은 모든 사람이 그런 몸을 입을 것입니다. 그래서 예수님이 첫 열매입니다. 또한 예수님의 지상 생애는 완전한 성신의 능력이 눈에 보이게 드러난 생활이었습니다.

예수님의 삶이 성신의 능력의 결과였다는 것을 성경의 다른 부분이 또한 풍부하게 보여줍니다. 예를 들어서 예수님은 성신을 충만히 받으셨습니다. 요단강에서 세례 요한에게 세례를 받고 올라오실 때에 발생한 일이 성경에 기록되었습니다.[13) 예수님은 성신으로 잉태되셨을 뿐만 아니라 또한 성신을 받으셨습니다. 요한복음은 예수님이 성신을 한량 없이 받으셨다고 말합니다.[14) 누가복음 4:1은 또한 "예수께서 성령의 충만함을 입어"라고 말합니다. 이와 같이 예수님은 성신으로 잉태하셔서 성신을 한량없이 받으시고 성신으로 충만하셨으므로 그 생활은 성신의 뜻과 완전히 일치한 생활이었습니다.

예수님은 광야로 나가 시험을 받으실 때에도 성신의 인도를 받으셨습니다.[15) 뿐더러 예수님은 성신의 능력으로 귀신을 쫓아내셨습니다.[16) 또한 예수님은 감정 생활에서도 성신의 지배를 받으셨습니다.[17) 여기 보면 예수께서 그냥 기뻐하셨다고 되어 있지 않고 성신으

---

13) 16 예수께서 세례를 받으시고 곧 물에서 올라오실새 하늘이 열리고 하나님의 성령이 비둘기 같이 내려 자기 위에 임하심을 보시더니 (마 3:16).
14) 34 하나님이 보내신 이는 하나님의 말씀을 하나니 이는 하나님이 성령을 한량 없이 주심이니라(요 3:34).
15) 1 그 때에 예수께서 성령에게 이끌리어 마귀에게 시험을 받으러 광야로 가사 (마 4:1).
16) 28 그러나 내가 하나님의 성령을 힘입어 귀신을 쫓아내는 것이면 하나님의 나라가 이미 너희에게 임하였느니라 (마 12:28).
17) 21 그 때에 예수께서 성령으로 기뻐하시며 이르시되 천지의 주재이신 아버지여 이것을 지혜롭고 슬기 있는 자들에게는 숨기시고 어린 아이들에게는 나타내심을 감사하나이다 옳소이다 이렇게 된 것이 아버지의 뜻이니이다 (눅 10:21).

로 기뻐하셨다고 되어 있습니다. 이와 같이 예수님의 생애는 성신의 인도와 감화를 받는 생활의 연속이었습니다.

마지막으로 중요한 것이 예수님이 성신을 보내어 성신으로 세례를 주시는 분이 된다는 사실입니다.[18]

예수님은 성신으로 잉태되고, 성신을 한량없이 받으시며, 성신으로 충만한 삶을 사시고, 성신의 인도를 받으시며, 성신의 능력으로 이적을 행하시고, 성신으로 기뻐하시며, 마침내 성신으로 세례를 주시는 분이 되셨습니다. 이 모든 것이 신자에게 무엇을 의미할까요?

우리는 예수님에게 적용된 이런 표현들이 실은 신자에게도 적용된다는 것을 금방 알 수 있습니다. 예수님이 성신으로 잉태되셨듯이 중생은 사람이 성신으로 태어나는 것입니다. 거기에 비슷한 점이 있습니다. 그런데 예수님에게 발생한 일은 중생이라고 부르지 않지만, 우리에게 발생한 일은 중생 곧 다시 태어나는 것이라고 부릅니다. 왜냐하면 예수님은 아담의 후손으로 태어난 적이 없이 오직 성신으로만 태어나지만, 신자는 처음에 아담의 후손으로 태어났다가 뒤에 성신으로 또 태어나기 때문입니다. 이 점에 있어서는 세례 요한도 마찬가지입니다. 세례 요한이 심지어 어머니의 복중에 있을 때에 성신의 충만함을 받았지만 그도 역시 중생했습니다. 왜냐하면 그는 먼저 사가랴와 엘리사벳 사이에서 태어났기 때문입니다. 그는 먼저 아담의 후손으로

---

[18] 33 나도 그를 알지 못하였으나 나를 보내어 물로 세례를 베풀라 하신 그이가 나에게 말씀하시되 성령이 내려서 누구 위에든지 머무는 것을 보거든 그가 곧 성령으로 세례를 베푸는 이인 줄 알라 하셨기에 (요 1:33).

태어났다가 뒤에 성신으로 중생했습니다. 그 사이에 얼마의 시간이 흘렀는지는 알 수 없지만 분명히 그도 중생했습니다. 이렇게 볼 때 예수님은 처음부터 성신으로 중생한 생명의 화신으로 태어나셨다고 할 수도 있을 것입니다. 그럼에도 불구하고 마리아의 몸을 빌어 인간으로 오셨으므로 인간 육체의 연약한 것들을 그대로 받으셨습니다. 그럴지라도 그 생명의 본질은 완전히 성신적입니다. 여기서 우리는 예수님이 성신으로 잉태된 사실이 중생에서 발생하는 일과 유사하다는 것을 알 수 있습니다.

예수님이 성신을 충만히 받으신 사실은 또한 신자가 성신의 충만을 받는 것과 유사합니다. 성신을 충만히 받는 것은 오직 성신으로 태어난 사람 곧 중생한 사람에게만 가능합니다. 그런데 예수님의 생명도 성신의 생명이므로 역시 성신을 충만히 받을 수 있습니다. 그런데 거기에 차이가 있습니다. 예수님은 성신을 한량없이 받으십니다. 그럴지라도 성신으로 잉태되신 예수님이 성신의 충만을 받으셨듯이 성신으로 중생한 사람들도 역시 성신의 충만함을 받아야 합니다.

예수님이 성신의 인도를 받은 사실도 역시 신자의 삶과 유사합니다. 신자도 성신의 인도를 받아야 합니다. 또한 감정 생활에서도 그렇고, 생활의 능력에서도 그렇습니다. 예수님의 감정 생활이 성신의 지배를 받아서 성신으로 기뻐하셨듯이 신자도 역시 성신으로 기뻐해야 합니다. 예수님의 생애는 성신의 인도를 받는 생애였습니다. 예수님께서 무슨 말씀을 하기로 마음을 정하고 말씀을 하시거나, 어디로 가기로 마음을 정하고 어디로 가실 때 그 모든 것이 성신의 인도를 받은 결과였습니다.

이렇게 이야기한다고 해서 예수님의 생명의 성격과 그 생활이 중생한 사람과 같은 수준의 것이라고 생각한다면 큰 오해입니다. 예수님은 단순한 사람이 아니라 하나님이면서 사람입니다. 그러므로 거기에는 사람이 다 알 수 없는 신비가 존재하므로 예수님에 대해 생각할 때에는 조심스러워야 합니다. 예를 들어서, 예수님이 하나님과 맺는 관계와 중생한 사람이 하나님과 맺는 관계도 본질적으로 같지 않습니다. 예수님은 하나님과 친아들의 관계라면 우리는 양자의 관계입니다. 즉 예수님은 신에 속하고 우리는 사람에 속합니다. 이런 말할 수 없는 차이가 거기에 있습니다. 이것을 망각하면 안됩니다.

동시에 우리는 위에서 본 것처럼 예수님에게서 발생한 일이 중생한 사람에게서 발생하는 일과 상당한 유사성이 있다는 것을 또한 놓치지 말아야 합니다. 사람의 몸을 입은 예수님은 중생한 사람들의 대표자가 되셨습니다. 그래서 자신이 대표하는 그 사람들처럼 되어서, 그 사람들이 앞으로 중생의 은혜를 받을 수 있는 준비를 자기 몸으로 친히 하신 것입니다. 그래서 성신으로 잉태되시고, 성신으로 충만하시며, 성신의 인도를 받으시고, 성신으로 기뻐하시며, 성신의 능력으로 사셨습니다. 이 모든 일들이 하나님께서 기뻐하시는 사람들에게 중생의 은혜를 주셔서 하나님 나라의 백성으로 삼기 위한 준비였습니다. 그러므로 이 진리를 또한 명확히 할 필요가 있습니다.

이런 모든 은혜의 준비를 마치신 후에 예수님은 승천하셨습니다. 승천하신 다음에 성신을 보내셔서 지상에서 원하시는 사람들에게 중생을 일으키시는 것입니다.[19]

이렇게 해서 인간 역사 속에는 아담의 생명을 가지고 멸망의 길을 가다가 성신으로 다시 태어나는 희한한 경험을 하는 사람들이 나타나는 것입니다.

그러면 이렇게 중생한 사람들이 경험하는 변화가 어떤 것일까요? 그들이 중생하여 어떤 사람이 될까요? 앞에서 공부한 내용 속에 이미 그 답이 있습니다. 그들이 중생하여 그리스도를 닮은 사람이 되는 것입니다. 이는 그들이 중생할 때에 받은 생명이 바로 그리스도의 생명인 까닭입니다. 그리스도의 생명도 성신으로 말미암은 것이요, 중생한 사람의 생명도 성신으로 말미암은 것입니다. 신자가 받는 생명이 그리스도의 생명이라는 사실을 현저히 가르치는 것이 성찬 예식입니다. 거기서 신자는 그리스도의 살을 먹고 그리스도의 피를 마십니다. 곧 그리스도의 생명을 받는 것입니다. 요한복음 6장도 이 진리를 가르쳤습니다. 그래서 성찬의 떡과 포도주에 성신께서 신비한 방식으로 임하여, 믿음으로 떡을 먹고 포도주를 마시는 사람에게 실제로 그리스도의 생명을 풍부하게 내려주시는 것입니다. 이것이 단순히 관념이 아니라 실제로 발생하는 일입니다.

이제 우리는 중생한 사람의 생활에 대해 명확한 표준을 가지게 됩니

---

19) 33 하나님이 오른손으로 예수를 높이시매 그가 약속하신 성령을 아버지께 받아서 너희가 보고 듣는 이것을 부어 주셨느니라 (행 2:33).

다. 그것에 대해 조금도 혼란을 느낄 필요가 없습니다. 중생이란 새로운 생명을 받고 그 생명으로 어떤 생활을 영위하는 것입니다. 하나님께서는 사람이 중생할 때에 받는 생명이 어떤 생명이며 그 생활이 어떤 생활이라는 것을 우리에게 분명하게 보여 주셨습니다. 그리스도에게서 발생한 일을 통하여 보여 주신 것입니다. 그러므로 중생에 대해 혼란을 느낄 것이 없이 그리스도를 푯대로 삼고 전진하면 됩니다.

05
예수님, 중생, 율법 준수

> 3 무릇 그리스도 예수와 합하여 세례를 받은 우리는 그의 죽으심과 합하여 세례를 받은 줄을 알지 못하느냐 4 그러므로 우리가 그의 죽으심과 합하여 세례를 받음으로 그와 함께 장사되었나니 이는 아버지의 영광으로 말미암아 그리스도를 죽은 자 가운데서 살리심과 같이 우리로 또한 새 생명 가운데서 행하게 하려 함이니라 5 만일 우리가 그의 죽으심과 같은 모양으로 연합한 자가 되었으면 또한 그의 부활과 같은 모양으로 연합한 자도 되리라 (롬 6:3-5)

앞에서 보았듯이 중생은 신약에서 갑자기 생겨난 가르침이 아니라 구약에도 있었습니다. 구약에서는 중생이 마음에 받는 할례라는 개념으로 가르쳐졌습니다. 그러면 구약에는 중생한 사람이 없었겠느냐 하면 그렇지 않습니다. 모세는 사람은 마음에 할례를 받아야 하나님의 명령을 순종할 수 있다는 진리를 가르쳤습니다. 그렇게 가르친 모세는 마음에 할례 곧 중생의 은혜를 받은 인물입니다. 선지자들도 그렇고, 히브리서 11장에 기록된 믿음의 선진들도 전부 중생의 은혜를 받았습니다. 그들이 자기 자신보다 하나님을 더 사랑하면서 평생 동안 살 수 있었던 것은 그들이 중생한 사람들이었기 때문입니다. 그러므로 중생의 은혜가 신약의 교회에게 약속되었다고 해서 구약에서는 중생한 사람이 없다고 생각하면 부당합니다.

단, 민족으로서의 이스라엘 백성 전체를 놓고 보면 그들은 중생하지 못한 민족입니다. 그래서 망한 것입니다. 그러나 신약의 교회는 중생한 새로운 민족이 되리라는 것이 하나님의 약속입니다. 그렇다고 해서 신약의 보이는 교회에 속한 모든 사람이 중생한 것은 아닙니다. 그러니까 이렇게 정리할 수 있습니다. 구약 이스라엘은 민족의 특징이 중생하지 못한 민족이었으나 그 안에 개별적으로 중생한 사람들이 있었습니다. 그에 비해 신약의 교회는 중생이라는 성격을 가진 민족이지만 그 안에 개별적으로 중생하지 않은 사람들도 들어와 있습니다. 이 문제는 교회에 대한 가르침에서 다뤄질 것입니다.

예수님과 중생의 관계가 신자의 중생에 어떤 뜻을 가지는지에 대해 생각하겠습니다. 하나님께서는 기뻐하시는 사람들을 중생시키기 위한 준비로 예수님을 성신으로 잉태시키셨습니다. 그 결과로 예수님은 완전히 성신의 사람이었습니다. 그리고 마침내 승천하여 성신으로 세례를 베푸시는 분이 되었습니다. 이것을 다른 말로 하면 승천하신 예수님이 사람을 중생시킨다는 뜻이기도 합니다. 그러나 이것이 오직 예수님의 일이기만 한 것은 아닙니다. 왜냐하면 성경은 성부께서 성신을 보낸다고도 말하고[20], 성자께서 성신을 보낸다고도 말하는 까닭입

---

[20] 26 보혜사 곧 아버지께서 내 이름으로 보내실 성령 그가 너희에게 모든 것을 가르치고 내가 너희에게 말한 모든 것을 생각나게 하리라 (요 14:26).

니다.[21]

　이렇게 중생한 사람에게서 발생하는 일의 성격을 살펴보면, 그것이 예수님에게서 발생한 일과 유사하다는 것을 알 수 있습니다. 어떤 점에서 유사한가 하면 생명의 성격이 유사하다는 것입니다. 예수님도 성신으로 잉태하셨고 중생한 사람도 성신으로 다시 출생했습니다. 그러면 예수님과 중생한 사람 사이에 공통점이 있습니다. 예수님의 생명도 성신으로 말미암은 생명이고 중생한 사람의 생명도 성신으로 말미암은 생명입니다. 이렇게 되어 예수님과 중생한 사람은 성신으로 말미암은 생명이라는 동일한 생명으로 연합하게 됩니다. 그 결과 중생한 사람은 그리스도와 생명의 연합을 이룬다는 것을 알 수 있습니다. 이것이 매우 신비한 일입니다. 그래서 이 연합을 신비한 연합이라고 부릅니다.

　이 연합을 통해서 신자는 새로운 품성을 받습니다. 앞에서 보았듯이 이 새로운 품성은 원래 가지고 있던 품성의 연장선상에 있는 것이 아닙니다. 그것은 전혀 새로운 품성으로 주어집니다. 원래 그 사람에게 없던 것이 하늘에서 내려오신 성신님으로 말미암아 그 사람의 것이 되는 것입니다. 그런데 이렇게 새롭게 주어지는 품성을 받기 위해서는 옛 사람이 죽어야 합니다. 그래서 신자는 그리스도의 죽음과 장사와 부활에 연합하는 것입니다. 즉 하나님께서는 원하시는 사람을 구원하실 때에 그에게 성신을 주셔서 그리스도에게 연합시키시고, 그의

---

[21] 26 내가 아버지께로부터 너희에게 보낼 보혜사 곧 아버지께로부터 나오시는 진리의 성령이 오실 때에 그가 나를 증언하실 것이요 (요 15:26).

옛 사람을 죽이고 그리스도의 부활의 생명을 주셔서 새 사람으로 살게 하십니다. 이것이 하나님께서 사람을 중생시키실 때에 발생하는 일입니다.

이렇게 그리스도에게 연합한 사람에게 반드시 따라오는 일이 있습니다. 바로 예수 그리스도가 자기에게 가장 친근한 존재가 되는 것입니다. 예수 그리스도를 가장 친근하게 느낀다는 것은 희한한 일입니다. 예수님께서 지상에 계시던 역사 시기에 함께 지상에 존재하던 소수의 사람들 이외에는 예수님을 직접 경험하지 못했습니다. 그러므로 많은 신자들은 예수님을 직접 보지 못했고, 만지지도 못했으며, 음성을 직접 듣지도 못했습니다. 그런데도 중생한 사람은 예수님을 생생하고 친근하게 알고 느낍니다. 성경은 그 사실을 이렇게 가르칩니다.[22]

중생한 사람이 이렇게 예수님을 사랑할 수 있는 것은 그가 예수님과 생명으로 연합했기 때문입니다. 이 생명의 연합이라는 가르침이 단순한 관념이라면 예수님에 대한 사랑을 실제로 일으키지 못합니다. 그런데 거기에 예수님과의 신비한 연합이 실제로 발생했기 때문에 예수님에 대한 이런 사랑이 일어나는 것입니다. 그래서 성경은 예수님을 보지 못하고 사랑하는 것을 영혼이 구원 받은 증거로 가르칩니다.

중생한 사람이 예수님에 대해 품는 이 사랑은 지극한 사랑입니다.

---

[22] 8 예수를 너희가 보지 못하였으나 사랑하는도다 이제도 보지 못하나 믿고 말할 수 없는 영광스러운 즐거움으로 기뻐하니 9 믿음의 결국 곧 영혼의 구원을 받음이라 (벧전 1:8-9).

그것이 하나님의 무한한 사랑에 대한 응답이기 때문입니다. 중생한 사람이 예수님을 이렇게 사랑하리라는 것을 예수님께서 이미 가르치셨습니다.[23] 예수님을 다른 무엇보다 더 사랑하는 이 사랑은 사람이 애를 써서 만들어낼 수 있는 것이 아닙니다. 사랑은 애를 쓰는 것이 아니라 마음에서 자연스럽게 솟아오르는 것입니다. 예수님에 대한 이 절대적인 사랑은 오직 예수님과 생명의 연합을 이룬 사람, 곧 중생한 사람에게서만이 기대할 수 있습니다. 물론 이 사랑이 더욱 강화되려면 하나님의 사랑에 대해서 더 배우고 묵상해야 합니다. 그러나 그렇게 사랑을 강화시키려면 우선 그의 안에 사랑이 있어야 합니다. 중생은 바로 이 최초의 사랑을 일으키는 것입니다.

여기서 하나님의 큰 은혜와 사랑을 다시금 느끼게 됩니다. 하나님께서는 사람을 중생시켜 놓고 그냥 새 사람으로 살아라 하는 방식으로 사람을 구원하시지 않습니다. 반드시 독생자 예수 그리스도를 중보자로 세우시고, 중보자를 통해서 구원의 은혜를 베푸시며, 중보자의 생명을 통해서 사람에게 새로운 생명을 주시고, 중보자와의 연합을 통해서 비로소 영원한 생명에 참여하게 하십니다. 이렇게 해서 하나님께서 주시는 모든 은혜가 중보자와의 연합을 통해서 주어지게

---

[23] 35 내가 온 것은 사람이 그 아버지와, 딸이 어머니와, 며느리가 시어머니와 불화하게 하려 함이니 36 사람의 원수가 자기 집안 식구리라 37 아버지나 어머니를 나보다 더 사랑하는 자는 내게 합당하지 아니하고 아들이나 딸을 나보다 더 사랑하는 자도 내게 합당하지 아니하며 38 또 자기 십자가를 지고 나를 따르지 않는 자도 내게 합당하지 아니하니라 39 자기 목숨을 얻는 자는 잃을 것이요 나를 위하여 자기 목숨을 잃는 자는 얻으리라 (마 10:35-39).

하셨습니다. 하나님이 하시는 이 모든 일에서 중보자를 단순히 인간을 구원하기 위한 수단이라고만 생각하는 것은 크게 부족한 이해입니다. 그 모든 일의 궁극적인 목적은 사람을 중보자에게 연합시키는 것입니다. 그리고 중보자와의 연합은 곧 영원한 하나님과의 연합입니다. 이 연합은 하나님과 원수가 되었던 사람을 다시 하나님에게 이끌어 하나님과 친근한 관계를 회복하는 것입니다. 코세이어스라는 신학자는 이것을 amicitia cum Deo, 곧 하나님과의 친근함이라고 중요히 가르쳤습니다. 그런 목적을 가지고 하나님은 사람을 그리스도에게 연합시키심으로 중생시키십니다. 그러면 중생한 사람은 모든 것을 다하여 그리스도를 사랑하게 되고, 이것은 동시에 성삼위 하나님에 대한 사랑이 됩니다.

이와 같이 하나님은 사람을 중생시켜서 그 사람으로 하여금 자기의 모든 것을 다하여 하나님을 사랑하도록 만드시는 것입니다. 그리고 이렇게 하는 것이 바로 율법을 지키는 것임을 우리는 알고 있습니다. 최후에 가서 율법이란 자기의 모든 것을 다하여 하나님을 사랑하는 것이며, 이웃을 자기 몸처럼 사랑하는 것입니다. 하나님은 구약 이스라엘 백성에게 이 율법을 지키라고 명하셨습니다.[24]

그런데 이스라엘 백성은 이 명령을 지킬 수가 없었습니다. 마음에 할례를 받지 않은 사람 곧 중생의 은혜를 입지 않은 옛 사람으로는 이런 사랑이 마음에서 일어나지 않기 때문입니다. 그래서 이스라엘 백성

---

24) 5 너는 마음을 다하고 뜻을 다하고 힘을 다하여 네 하나님 여호와를 사랑하라 (신 6:5).

은 율법을 어기고 정죄를 당하고 이방인과 똑같이 되어 이방인이 당하는 것과 같은 형벌을 당했습니다.

그 때에 선지자들이 일어나서 그 사실을 설명한 후에 하나님께서 미래에 이스라엘 백성의 마음에 할례를 베푸실 것이라고 선언했습니다. 그리고 이 마음에 할례를 받으면 백성이 하나님의 명령을 순종할 것이라고 했습니다.[25] 또 이런 사람들에게는 하나님의 말씀이 지키기 어려운 것이 되지 않으리라고 했습니다. 그것을 모세가 이미 가르쳤습니다.[26] 그리고 사도 바울은 로마서 10:8에서 모세의 이 말을 인용하여 "그러면 무엇을 말하느냐 말씀이 네게 가까워 네 입에 있으며 네 마음에 있다 하였으니 곧 우리가 전파하는 믿음의 말씀이라"고 했습니다.

이 진리로부터 우리가 기억할 것이 있습니다. 곧 신자는 중생의 결과 하나님의 말씀을 순종할 수 있는 힘을 얻는다는 것입니다. 원래 중생의 목적이 그것입니다. 이스라엘 민족이 하나님의 법을 지키지 못하는 문제에 대한 해답으로 하나님께서는 중생의 은혜를 약속하셨습

---

[25] 26 또 새 영을 너희 속에 두고 새 마음을 너희에게 주되 너희 육신에서 굳은 마음을 제거하고 부드러운 마음을 줄 것이며 27 또 내 영을 너희 속에 두어 너희로 내 율례를 행하게 하리니 너희가 내 규례를 지켜 행할지라 (겔 36:26-27).

[26] 11 내가 오늘 네게 명령한 이 명령은 네게 어려운 것도 아니요 먼 것도 아니라 12 하늘에 있는 것이 아니니 네가 이르기를 누가 우리를 위하여 하늘에 올라가 그의 명령을 우리에게로 가지고 와서 우리에게 들려 행하게 하랴 할 것이 아니요 13 이것이 바다 밖에 있는 것이 아니니 네가 이르기를 누가 우리를 위하여 바다를 건너가서 그의 명령을 우리에게로 가지고 와서 우리에게 들려 행하게 하랴 할 것도 아니라 14 오직 그 말씀이 네게 매우 가까워서 네 입에 있으며 네 마음에 있은즉 네가 이를 행할 수 있느니라 (신 30:11-14).

니다. 사람은 타락하여 영원히 율법을 지킬 수 없는 지경에 떨어졌지만, 사람이 무능력하게 된 그 일을 하나님께서 친히 이루도록 하시겠다는 것입니다. 그렇게 되는 것이 마음에 할례를 받는 것이고 중생하는 것입니다. 그런데 이 중생은 예수님과 생명의 연합을 이루는 것이고, 생명의 연합을 이룬 결과 예수님을 사랑하게 됩니다. 그렇게 해서 하나님을 사랑하게 됩니다.

이것이 율법을 이루는 것입니다. 이것을 사람이 스스로의 힘으로는 못합니다. 이스라엘 백성이 그 증거입니다. 그들은 하나님의 율법을 받기는 했지만 마음에 할례를 받지 못하여 율법을 순종하지 못한 것입니다. 이런 상태가 바로 성경이 말하는 '율법 아래에 있는' 생활입니다. 그 상태에서는 절대로 율법의 핵심인 하나님의 사랑에 도달하지 못합니다. 그것은 오로지 그리스도와의 연합을 통해서만 도달합니다. 즉 중생에 의해서만 가능해지는 것입니다. 그러므로 중생한 신자는 자기의 모든 것을 다하여 하나님을 사랑하는 생활을 하게 되는 것입니다.

06
신비한 연합과 하나님의 사랑

3 무릇 그리스도 예수와 합하여 세례를 받은 우리는 그의 죽으심과 합하여 세례를 받은 줄을 알지 못하느냐 4 그러므로 우리가 그의 죽으심과 합하여 세례를 받음으로 그와 함께 장사되었나니 이는 아버지의 영광으로 말미암아 그리스도를 죽은 자 가운데서 살리심과 같이 우리로 또한 새 생명 가운데서 행하게 하려 함이라 5 만일 우리가 그의 죽으심과 같은 모양으로 연합한 자가 되었으면 또한 그의 부활과 같은 모양으로 연합한 자도 되리라 6 우리가 알거니와 우리의 옛 사람이 예수와 함께 십자가에 못 박힌 것은 죄의 몸이 죽어 다시는 우리가 죄에게 종 노릇 하지 아니하려 함이니 7 이는 죽은 자가 죄에서 벗어나 의롭다 하심을 얻었음이라 8 만일 우리가 그리스도와 함께 죽었으면 또한 그와 함께 살 줄을 믿노니 9 이는 그리스도께서 죽은 자 가운데서 살아나셨으매 다시 죽지 아니하시고 사망이 다시 그를 주장하지 못할 줄을 앎이로라 10 그가 죽으심은 죄에 대하여 단번에 죽으심이요 그가 살아 계심은 하나님께 대하여 살아 계심이니 11 이와 같이 너희도 너희 자신을 죄에 대하여는 죽은 자요 그리스도 예수 안에서 하나님께 대하여는 살아 있는 자로 여길지어다 (롬 6:3-11)

그리스도와의 연합이라는 문제에 대해서 좀 더 생각하겠습니다. 중생은 하나님께서 죄인을 구원하시는 큰 은혜의 사실입니다. 하나님의 법을 어기고 마음이 어두워져서 스스로를 구원할 수 없는 완전한 절망 속에 떨어져서 영원한 멸망 밖에 기대할 것이 없는 죄인을 하나님께서 성신을 통해서 완전히 새 사람으로 만드는 것이 중생이라는 것을 5강에서 보았습니다. 특별히 하나님께서 이 일을 성취하시는 방식의 특별한 요소를 보았습니다. 곧 각 사람을 그냥 중생시켜서 독립된 새 사람으로 알아서 살게 하는 것이 아니라 그를 그리스도에게 연합시킨다는 사실입니다. 그러므로 실효에 있어서 중생은 그리스도와 분리되어 있던 사람이 그리스도와 신비한 연합을 이루는 것입니다. 중생은 새로운 생명 곧 영생을 받는 것인데, 이 생명이 아들 안에 있기 때문에 아들과 신비한 연합을 이루어야 이 생명을 받을 수 있습니다.[27]

그러므로 영생이 하나님의 아들과 별도로 움직여서 어떤 사람에게 주어지는 식으로 생각하는 것은 옳지 않습니다. 성경은 절대로 그렇게 가르치지 않습니다.

하나님께서 죄인을 구원하실 때에 죄인에게 중생을 일으키시고 아들에게 연합시킨다는 이 사실은 참으로 신비로운 일입니다. 영원한 성삼위 하나님의 제 2위이신 성자께서 사람의 본성을 취하여 오심으로, 그가 오직 신이시기만 한 것이 아니라 신이시면서 인간이신 존재가 되심으로 비로소 그 일이 가능해졌습니다. 그리스도에게서 발생한 이 일은 삼위일체의 신비와 함께 가장 심오한 신비 중의 하나입니다. 하지만 우리는 이것이 실제로 발생한 일이라는 것을 신약 성경을 통해서

---

27) 11 또 증거는 이것이니 하나님이 우리에게 영생을 주신 것과 이 생명이 그의 아들 안에 있는 그것이니라 12 아들이 있는 자에게는 생명이 있고 하나님의 아들이 없는 자에게는 생명이 없느니라 (요일 5:11-12).

명백히 알고 있습니다. 아무리 우리에게 이해하기 어려워도 발생한 일은 발생한 것입니다. 이렇게 성자께서 인간의 몸을 입으신 것은 인간을 구원하기 위함입니다. 이 모든 것이 영원한 하나님의 세계에서, 성부, 성자, 성신 성삼위 하나님에 의해서 계획되고 실행되었다는 사실을 생각하면 우리는 정신이 아득해지지 않을 수 없습니다. 이와 같이 우리의 구원에는 우리가 다 알 수 없는 신비가 있습니다.

거기에 우리가 완전히 이해할 수 없는 많은 신비가 있음에도 불구하고, 하나님께서는 그 신비한 세계에서 발생한 일들을 수시로 우리에게 계시해 주셨습니다. 우리에게 깨달으라는 것입니다. 사람이 중생한다는 것이 얼마나 크고 기이한 일인지, 그것이 영원한 하나님의 세계에서부터 시작되어 죄인에게서 발생하는 일이라는 것을 깨닫고 놀라고 감탄하고 감사하고 경배하라고, 아들이 인간의 본성을 취한 것과 같은 신비한 세계의 일을 알려 주시는 것입니다.

하나님이 하시는 이 신비한 일에서 우리를 더욱 놀라게 만드는 것은 하나님의 사랑입니다. 우리는 중생과 그리스도와의 연합이라는 신비에서 하나님의 사랑의 깊이와 넓이를 또한 발견합니다. 바로 성부께서 성자를 사랑하셨듯이 우리를 사랑하신다는 것이 그 신비의 한 면입니다. 성부는 성자를 사랑하셨습니다. 그것이 요한복음 17:24의 그리스도께서 기도하신 말씀에 있습니다.[28]

---

28) 24 아버지여 내게 주신 자도 나 있는 곳에 나와 함께 있어 아버지께서 창세 전부터 나를 사랑하시므로 내게 주신 나의 영광을 저희로 보게 하시기를 원하옵나이다 (요 17:24).

그 사랑의 결과 성부께서 성자를 창세 전부터 사랑하셔서 영광을 주셨다고 되어 있습니다. 성부께서 성자를 사랑하신 이 사랑은 말 그대로 인간의 사랑이 아닌 하나님의 사랑, 곧 신의 사랑입니다. 사람이 존재하지도 않았고 이 세상도 존재하지 않았으며, 오직 성삼위 하나님이 영광 가운데 존재하던 그 신비스러운 세계에서 성부는 성자를 사랑하셨습니다. 그것은 신의 사랑이고 완전한 사랑이었습니다. 물론 성부만 성자를 사랑한 것이 아니라 성자도 마찬가지로 성부를 사랑하셨습니다. 거기에 성부와 성자 사이의 완전한 사랑의 연합이 있었습니다. 물론 성신도 거기에 함께 계셨습니다. 이렇게 해서 성부와 성자와 성신은 동일한 본질 속에서 사랑의 신비한 연합으로 일체를 이루어 존재했습니다. 거기에 완전한 사랑과 완전한 일체가 가능했던 이유를 우리는 짐작할 수 있습니다. 거기에는 하나님의 사랑 이외의 다른 어떤 요소도 개입할 수 없었기 때문입니다. 하나님의 진노는 죄에 대한 하나님의 반응입니다. 그런데 죄도 없고 불결도 없어서 하나님을 불쾌하게 하는 일체의 것이 없었으므로 성삼위의 관계는 가장 자연스럽게 신성의 본질이 드러나는 모습입니다. 성경은 그것을 사랑이라고 가르칩니다. 그래서 우리는 하나님은 사랑이라는 성경의 말씀이 무엇인지 알 수 있습니다. 그런데 인간의 구원을 위해서 이 신성한 성삼위 하나님에게 큰 일이 발생한 것입니다. 곧 성자께서 인간의 몸을 입고 죄인이 되어 하나님의 버림을 받고 성자는 '나의 하나님, 왜 나를 버리셨습니까?'라는 유기의 외침을 외쳐야 하는 일이 발생한 것입니다. 사람의 구원을 위해서 영원한 하나님에게서 이런 일들이 발생한 것입니다. 사람의 구원이 얼마나 값비싼 일인지를 생각하지 않을 수 없습니다.

어쨌든 성부와 성자 사이의 이 사랑을 완전한 사랑이라고 부를 수 있습니다. 그것은 우리가 사랑이라는 말로 생각할 수 있는 완전한 것입니다. 사랑이 완전해지려면 일방적이어서는 안됩니다. 사랑은 완전히 자유로운 두 인격자가 상대를 향하여 마음 속에 솟아나는 진실과 선의와 신뢰와 자기 희생으로 연합해야 합니다. 사랑의 이런 성격 때문에 우리는 완전한 사랑을 타락한 사람에게서는 찾지 못하고 오직 하나님에게서만 찾습니다. 타락한 인간의 사랑이라도 때로 참으로 위대해질 수 없는 것은 아니지만, 인간 자신의 진실성과 선의와 신뢰가 완전하지 않기 때문에 인간의 사랑은 언제나 흠이 있게 마련입니다. 하지만 하나님의 사랑은 그렇지 않습니다. 성부와 성자가 그런 완전한 사랑 속에 존재했던 것입니다.

성자께서 사람의 몸을 입고 지상에 계시는 동안 성부께서는 여러 번 아들을 향한 자신의 사랑을 사람들 앞에 증거하셨습니다. 예를 들어서, 그리스도께서 요단 강에서 세례를 받고 올라오실 때에 하늘에서 "이는 내 사랑하는 아들이요 내 기뻐하는 자라"(마 3:17)는 소리가 들렸습니다. 변화산상에서도 동일한 내용이 한번 더 선언되었습니다.[29]

성자에 대한 성부의 이런 사랑이 선언되어야 했던 이유를 우리는 짐

---

29) 이는 내 사랑하는 아들이요 내 기뻐하는 자니 너희는 저의 말을 들으라 (마 17:5하).

작할 수 있습니다. 그리스도께서 하나님의 진노를 담당하고 형벌을 받기 위해 오셨기 때문입니다. 물론 그것은 죄인인 우리를 구하기 위함입니다. 그러므로 성자가 진노를 당하더라도 여전히 성부의 사랑을 받고 있음을 사람에게 알리기 위해서 이렇게 성부의 사랑을 선언했던 것입니다.

성부께서 성자를 사랑하신 사랑은 우리의 구원을 위해 절대적인 어떤 결과들을 냅니다.[30] 우리가 그리스도를 믿고 순종해야 구원을 얻는 이유가 아들에 대한 하나님의 사랑 때문임을 알 수 있습니다. 또한 그리스도가 우리에게 하나님의 뜻을 완전하게 보여 줄 수 있는 것도 이 사랑의 결과입니다.[31]

그런데 하나님은 우리를 거듭나게 하실 때에 그리스도와 신비한 연합을 이루게 하셨습니다. 그 결과 중생한 모든 사람은 그 아들 안에서 아들의 생명을 받아서 아들과 신비한 연합을 이뤄 존재하게 되었습니다. 그래서 그리스도와 중생한 사람들 사이에 깊은 친근함이 있게 하셨습니다. 잡히시기 전에 그리스도께서는 제자들을 친구라고 부르셨습니다.[32] 거기에 말할 수 없는 친근함과 상호 신뢰가 존재한다

---

30) 35 아버지께서 아들을 사랑하사 만물을 다 그의 손에 주셨으니 36 아들을 믿는 자에게는 영생이 있고 아들에게 순종하지 아니하는 자는 영생을 보지 못하고 도리어 하나님의 진노가 그 위에 머물러 있느니라 (요 3:35-36).
31) 20 아버지께서 아들을 사랑하사 자기가 행하시는 것을 다 아들에게 보이시고 또 그보다 더 큰 일을 보이사 너희로 놀랍게 여기게 하시리라 (요 5:20).
32) 14 너희는 내가 명하는 대로 행하면 곧 나의 친구라 15 이제부터는 너희를 종이라 하지 아니하리니 종은 주인이 하는 것을 알지 못함이라 너희를 친구라 하였노니 내가 내 아버지께 들은 것을 다 너희에게 알게 하였음이라 (요 15:14-15).

는 것입니다. 물론 이것은 그들이 중생으로 말미암아 그리스도와 연합한 결과이기도 합니다.

이제 우리는 하나님께서 왜 죄인을 구원하신 후에 각 개인으로 떨어져 존재하게 하시지 않고 그리스도와 신비한 연합을 이루어서 존재하게 하셨는지를 알 수 있습니다. 이는 성부께서 성자와 나누던 완전하고 영원한 사랑을 중생한 사람들과도 나누기 위함입니다. 그리스도와의 연합을 통하여 사람은 하나님의 자녀가 됩니다. 중생을 통해서 그리스도와 연합한 사람은 그리스도께서 하나님에게서 받는 사랑을 자기도 받습니다. 그것은 영원하고 완전한 사랑입니다. 하나님은 죄인을 구원하여 이렇게 하나님과 극진한 사랑을 나누기 위하여 그를 아들과 신비하게 연합시키시는 것입니다. 중생이 인간에 대한 하나님의 완전한 사랑을 회복하기 위함임을 알 수 있습니다.

그런데 실은 중생한 사람은 세상에 나오기도 전부터 이 사랑의 대상으로 존재했습니다. 이는 중생한 사람이 이미 만세 전에 그리스도 안에서 선택되었기 때문입니다.[33] 그런데 하나님은 이 사랑을 우리에게 믿게 하시려고 자기 아들을 우리를 위해 내어주셨습니다.[34] 그래서 우리는 거룩한 계시를 따라 두 가지 사실을 확신할 수 있습니

---

[33] 4 곧 창세 전에 그리스도 안에서 우리를 택하사 우리로 사랑 안에서 그 앞에 거룩하고 흠이 없게 하시려고 5 그 기쁘신 뜻대로 우리를 예정하사 예수 그리스도로 말미암아 자기의 아들들이 되게 하셨으니 6 이는 그가 사랑하시는 자 안에서 우리에게 거저 주시는 바 그의 은혜의 영광을 찬송하게 하려는 것이라 (엡 1:4-6).

[34] 8 우리가 아직 죄인 되었을 때에 그리스도께서 우리를 위하여 죽으심으로 하나님께서 우리에 대한 자기의 사랑을 확증하셨느니라 (롬 5:8).

다.³⁵⁾ 이 확신에는 근거가 있습니다.³⁶⁾ 이 사랑을 믿는 까닭에 중생한 사람은 세상에서 당하는 모든 일 가운데서 하나님의 사랑을 발견하고 큰 확신과 즐거움 속에서 살 수 있는 것입니다.

중생한 사람에게 이런 사랑의 선언이 관념으로 들리지 않고 생생한 현실로 믿어질 수 있는 것은 중생한 사람에게 "주신 성령으로 말미암아 하나님의 사랑이 우리 마음에 부은 바"(롬 5:5) 되기 때문입니다. 이 사랑이 생생한 경험으로 자기 안에 부어집니다. 복음은 말로 전해지기 때문에 그 말이 관념으로 끝나지 않고 현실이 되려면 성신께서 역사하셔야 합니다. 하나님의 사랑을 아는 일에 있어서도 마찬가지입니다. 성신께서 사람의 영혼에 중생의 변화를 일으키시고 마음에 깨달음을 주시면 비로소 자신이 그리스도와 신비한 연합을 이루고 있으며 하나님께서 영원 전부터 자기 아들을 사랑하시던 그 사랑으로 자기를 사랑하신다는 사실을 깨닫게 되는 것입니다.

이제 우리는 하나님께서 우리에게 중생을 통하여 일으키시는 일을 크게 감사해야 합니다. 하나님은 우리를 중생시켜서 독립된 한 인간으로 살기를 원치 않으셨습니다. 우리를 그리스도와 신비하게 연합시키심으로 말미암아 하나님께서 그리스도에게 쏟으시던 무한하고 완전한 사랑으로 우리를 사랑하려 하신 것입니다. 우리를 사랑하시고

---

35) 28 우리가 알거니와 하나님을 사랑하는 자 곧 그의 뜻대로 부르심을 입은 자들에게는 모든 것이 합력하여 선을 이루느니라 (롬 8:28).

36) 32 자기 아들을 아끼지 아니하시고 우리 모든 사람을 위하여 내주신 이가 어찌 그 아들과 함께 모든 것을 우리에게 주시지 아니하겠느냐 (롬 8:32).

성신으로 우리에게 그 사랑을 깨닫게 하셔서 우리와 완전한 사랑의 교제를 나누려 하셨습니다. 그것은 성부께서 영원 전부터 성자와 나누던 사랑 속에 우리가 들어가는 것입니다.

우리는 중생이 하나님의 법을 지키지 못하는 죄인의 연약을 해결하기 위한 하나님의 방법임을 보았습니다. 율법의 완성은 최후에 사랑입니다. 자기의 모든 것을 다하여 하나님을 사랑하고 이웃을 자기 몸처럼 사랑하는 것입니다. 결국 사랑이 관건인데, 사람들이 사랑이 없어 율법을 이루지 못합니다. 그래서 하나님께서 그리스도 안에서 중생한 사람들에게 이 무한한 사랑을 부어주심으로 사람들로 율법을 이룰 수 있게 하시는 것입니다. 그러므로 사랑과 율법이 하나인 것을 알 수 있습니다.

07
중생과 하나님 나라

3 예수께서 대답하여 이르시되 진실로 진실로 네게 이르노니 사람이 거듭나지 아니하면 하나님의 나라를 볼 수 없느니라 4 니고데모가 이르되 사람이 늙으면 어떻게 날 수 있사옵나이까 두 번째 모태에 들어갔다가 날 수 있사옵나이까 5 예수께서 대답하시되 진실로 진실로 네게 이르노니 사람이 물과 성령으로 나지 아니하면 하나님의 나라에 들어갈 수 없느니라 6 육으로 난 것은 육이요 영으로 난 것은 영이니 7 내가 네게 거듭나야 하겠다 하는 말을 놀랍게 여기지 말라 (요 3:3-7)

요한복음 3:3-7에 있는 것처럼 예수님은 사람이 하나님 나라를 보고, 거기에 들어가기 위해서는 중생해야 한다고 말씀하셨습니다. 그러니까 하나님 나라는 중생한 사람의 눈에만 보입니다. 그런 까닭에 중생한 사람만이 하나님 나라에 들어갈 수 있습니다. 중생하지 못한 사람의 눈에는 그 나라가 보이지 않고, 보이지 않으니까 들어갈 도리가 없습니다. 로마서 14:17에 "하나님의 나라는 먹는 것과 마시는 것이 아니요 오직 성령 안에 있는 의와 평강과 희락이라"고 되어 있는데,

이것도 같은 진리를 가르칩니다. 중생하지 않은 사람은 영적인 하나님 나라의 현실을 볼 능력이 없으니까 그것을 먹는 것과 마시는 것 곧 세상의 일로만 해석합니다. 하지만 중생한 사람은 하나님 나라가 의와 평강과 희락과 같은 내용으로 되어 있음을 알고 그것을 경험하는 것입니다.

이와 같이 만약 중생한 사람에게만 하나님 나라가 보이고 중생한 사람만이 그 나라에 들어갈 수 있다면 중생에 대한 지식과 하나님 나라에 대한 지식이 어떤 공통된 사실로 연결되어 있음을 짐작할 수 있습니다. 가장 쉽게 짐작할 수 있는 진리는 중생이 성신의 일이듯이 하나님 나라도 성신의 일이라는 사실입니다.

이 단순한 사실로부터 중생은 하나님 나라를 배경으로 이해해야 한다는 중요한 진리 하나를 확정할 수 있습니다. 중생이란 일차적으로 한 사람의 영혼 속에서 실제로 발생하는 개인적인 일이지만 이 현상의 참된 의미는 하나님 나라라는 틀 속에서 보아야 제대로 이해됩니다. 중생에 대한 바른 이해와 하나님 나라에 대한 바른 이해는 유기적으로 연결되어 있습니다. 이 사실이 니고데모의 경우에 잘 나타납니다. 그는 하나님의 나라에 대한 궁금증을 가지고 예수님을 찾아왔으나 예수님은 그가 하나님 나라를 보지도 못하고 들어가지도 못하는 상태에 있음을 지적하셨습니다. 그렇다면 니고데모가 마음 속에 생각하고 있던 하나님 나라에 대한 상념이 예수님께서 생각하시는 하나님 나라와 달랐으리라는 것을 짐작할 수 있습니다.

예수님께서 전하신 복음의 요체는 하나님 나라가 임박했다는 소식이었습니다. 일찍이 예수님의 오심을 준비한 세례 요한도 하나님 나라를 선포했고 예수님도 역시 그 나라를 선포하셨습니다.[37] 이와 같이 예수님께서 전하신 복음은 하나님 나라와 관계되어 있습니다. 그것은 죽어서 가는 천당이 아닙니다. 예수님께서 전하신 기쁜 소식은 그 하나님 나라가 가까이 왔다는 것입니다. 그러나 단순히 가까이 오기만 한 것이 아니라 예수님과 함께 그 나라가 이 땅에 임한 것입니다. 예수님께서 귀신을 쫓아낸 것의 중요한 의미가 이 나라가 임했다는 표시였습니다.[38]

다시 말하면 하나님 나라는 사람이 죽어서 가는 곳이 아니며, 저 하늘에만 있고 지상과 관계가 없는 곳도 아닙니다. 하늘에서 하나님이 다스리시는 그 나라가 지상에 임했다는 것이 기쁜 소식 곧 복음입니다. 주님께서 가르치신 기도에서 '나라가 임하옵소서'라고 기도하라는 문구가 있습니다. 이와 같이 하나님 나라는 이 땅에 임하여 이 땅에서 진행되는 나라입니다. 우리는 살아서 이 땅에서 하나님 나라에 들어가 그 백성으로 삽니다. 그러니까 이 세상의 삶이 그 자체로 극히 중요하고 가치 있습니다. 만약 그렇지 않다면 우리는 이 세상에

---

[37] 1 그 때에 세례 요한이 이르러 유대 광야에서 전파하여 말하되 2 회개하라 천국이 가까왔느니라 하였으니 (마 3:1-2); 14 요한이 잡힌 후 예수께서 갈릴리에 오셔서 하나님의 복음을 전파하여 15 이르시되 때가 찼고 하나님의 나라가 가까이 왔으니 회개하고 복음을 믿으라 하시더라 (막 1:14-15).

[38] 28 그러나 내가 하나님의 성령을 힘입어 귀신을 쫓아내는 것이면 하나님의 나라가 이미 너희에게 임하였느니라 (마 12:28).

서는 마지못해 살다가 죽어서 천당에 가서야 비로소 의미 있는 삶을 살 것입니다. 하지만 그렇지 않습니다. 중생한 신자는 이 세상에 하나님 나라가 임한 사실을 알고 거기에 들어가 그 나라의 백성으로 사는 것입니다.

이렇게 복음은 하나님 나라가 임했다는 소식인데, 예수님께서 하나님 나라가 가까이 임했다고 선언하셨을 때 이스라엘 사람 중에 '당신이 말씀하시는 나라가 도대체 어떤 나라입니까?' 하고 물은 사람이 없었습니다. 왜냐하면 이스라엘 백성이라면 누구나 그 나라가 어떤 나라인지 알고 있었기 때문입니다. 혹은 스스로 알고 있는 것으로 간주하고 있었습니다. 니고데모도 그런 지식을 공유하고 있었습니다.

그러면 그들이 생각하는 하나님 나라가 어떤 나라였을까요? 그들이 과거에 경험했던 나라였습니다. 이스라엘 나라의 역사는 아주 특별한 역사였습니다. 이스라엘 나라를 제외한 지상의 모든 나라는 '그냥 존재하는' 나라였다면, 이스라엘 나라는 하나님으로부터 특별한 민족 사명을 받은 나라였습니다. 다른 나라들이 '그냥 존재했다'는 말은 하나님께서 그들에게 이스라엘의 경우처럼 특별한 방식으로 자신을 나타내시고 특별한 사명을 부여하지 않았다는 의미입니다. 하나님께서 아브라함에게 나타나셨듯이 다른 나라에도 나타나셔서 언약을 맺고 나라를 세우신 경우가 없었습니다. 지상의 모든 나라는 인간 왕이 일어나서 법을 만들고 그것을 선포하고 통치했지만 이스라엘만은 하나님께서 법을 내리셨습니다. 또한 하나님께서 선지자를 보내 그 백성을 향한 자신의 뜻을 보이신 나라도 이스라엘 이외에는 없었습니다. 그러니까 이스라엘 이외의 지상의 모든 나라는 어떤 의미에서 하나님 없이 존재했습니다.[39] 그들은 이스라엘과 같은 특별한 방법으로 하나님의 통치를 받지 않았습니다. 그렇다고 해서 그들이 하나님의 통치를 전혀 받지 않은 것은 아니었습니다. 하나님은 온 우주의 창조주요 통치자이므로, 천하만물 혹은 지상의 모든 나라 백성은 하나님의 통치 하에 있습니다. 이것을 가리켜서 하나님의 권능의 통치라 합니다. 이런 의미에서는 지상의 모든 나라가 하나님의 통치를 받고 있지만, 이스라엘에게 했던 것과 같은 특별한 통치를 받은 다른 나라는 없었습니다.[40]

이와 같이 이스라엘 사람들에게 하나님 나라는 우리나라의 이씨 조선 혹은 고려처럼 자기네 역사 속에 존재하던 나라였습니다. 그런데 그 나라가 당시에 매우 비정상적인 상태에 있었습니다. 하나님의 나라가 이방인이 다스리는 로마 제국의 통치를 받는 지경에 떨어져 있었던 것입니다. 당시 이스라엘 사람들에게는 이것이 견딜 수 없는 현실이었습니다. 그래서 그들은 로마에 대해 극단적인 적개심을 가지고 있었습니다. 로마는 세상 나라인 주제에 감히 하나님 나라 백성을 다스리고 있었던 것입니다. 그런데 구약에 보면 선지자들이 구원자를

---

[39] 12 그 때에 너희는 그리스도 밖에 있었고 이스라엘 나라 밖의 사람이라 약속의 언약들에 대하여는 외인이요 세상에서 소망이 없고 하나님도 없는 자이더니 (엡 2:12).

[40] 4 그들은 이스라엘 사람이라 그들에게는 양자 됨과 영광과 언약들과 율법을 세우신 것과 예배와 약속들이 있고 (롬 9:4).

약속했는데, 그가 바로 메시아였습니다. 메시아라는 히브리어를 헬라어로 번역하면 그리스도가 됩니다. 그래서 이스라엘 사람들은 자기네 사회에 훌륭한 인물이 일어나면 그가 혹시 메시아 곧 그리스도가 아닌가 하고 생각했습니다.[41]

세례 요한이 하는 일을 보고 예루살렘에서 사람들을 보냈습니다. 혹시 그가 그리스도인지 알아보려 한 것입니다. 그래서 세례 요한은 자신은 그리스도가 아니라고 분명히 밝혀 주었습니다. 그러나 당시 이스라엘에는 여기저기서 자기를 메시아 곧 그리스도라고 하면서 일어난 사람들이 심심치 않게 있었습니다. 예루살렘이 파괴된 후에, 이스라엘이 완전히 멸망한 것은 바르 코크바라는 사람을 메시아라고 옹위하여 로마에 대항한 결과였습니다. 마사다에서 최후의 일인까지 싸우다 전원이 몰사한 것은 유명한 이야기입니다. 이렇게 이스라엘 사회에서는 때때로 메시아 곧 그리스도라는 사람들이 일어났고, 그를 그리스도라고 따르는 사람들은 이때야말로 이스라엘 독립의 때라고 생각하고 봉기했습니다. 구약 예언자들의 약속처럼 메시아가 오기만 하면 로마의 압제를 물리치고 떳떳한 독립 국가가 되어 만방에 명성을 떨치리라고 생각한 것입니다.

이것이 당시 유대주의, 즉 유대교를 신봉하던 이스라엘 백성이 생각하던 하나님 나라였습니다. 니고데모도 이런 생각을 가지고 있었음

---

41) 19 유대인들이 예루살렘에서 제사장들과 레위인들을 요한에게 보내어 네가 누구냐 물을 때에 요한의 증거가 이러하니라 20 요한이 드러내어 말하고 숨기지 아니하니 드러내어 하는 말이 나는 그리스도가 아니라 한대 (요 1:19-20).

을 우리는 짐작할 수 있습니다. 그런데 바로 이런 생각이 중생하지 못한 사람이 생각하는 하나님 나라입니다. 이것은 어느 시대에나 마찬가지입니다. 하나님 나라의 영적인 현실을 파악할 능력은 전혀 없이 기독교를 오직 세상적인 일과만 연결시켜서 생각하는 모든 설명이 실은 중생하지 않은 사람들에게서 발견되는 전형적인 증상입니다. 그들이 물과 성신으로 거듭나지 않았기 때문에 하나님 나라가 그들의 눈에 보이지도 않고 따라서 그 나라에 들어간 적이 없는 것입니다.

이제 하나님 나라와 중생이 어떻게 연결되는지 보겠습니다. 신약 성경에서 나라라는 말은 영토와 국민과 주권을 가지는 눈에 보이는 어떤 물리적인 국가가 아니라, 왕권이 행사되는 현실입니다. 왕권이 행사되면 거기에 나라가 선 것입니다. 왕권이 행사된다는 것은 법이 집행된다는 뜻입니다. 하나님은 법으로 통치하시는 분인 까닭입니다. 하나님의 통치가 이루어진다는 말은 하나님이 법을 선포하시고 그 법이 사람들 사이에서 순종된다는 뜻입니다.

예를 들면, 예수님이 산상보훈을 가르치셨습니다. 예수님이 산상보훈을 선포하신 것은 자신을 하나님 나라의 왕으로 선포하신 의미가 있습니다. 시내산에서 여호와가 율법을 내림으로 자신을 이스라엘의 왕으로 선포한 것이나 마찬가지입니다. 왕이니까 법을 내리는 것입니다. 이 법에 대해서 사람은 두 가지 태도를 취할 수 있습니다. 하나는 그 법을 듣고 순종하는 것입니다. 그 사람은 법을 선포하신 예수님이 왕이신 사실을 알고 그의 통치를 기쁨으로 받는 셈입니다. 이것이 사람이 그 나라를 보고 그 나라에 들어가 있는 상태입니다. 이렇게 되려면 중생해야 합니다. 그런데 어떤 사람은 그 법을 듣고 순종하지 않습니다. 순종하지 않는 사람은 그 법을 선포하신 왕을 볼 눈이 없는 사람입니다. 그 법을 선포하신 분이 진정한 왕이신 것을 모르니까 그 법을 순종하지 않고, 순종하지 않으니까 그 왕으로부터 형벌을 받고 마는 것입니다. 이것이 중생하지 못한 사람의 특징입니다.

그렇다면 그 나라가 임하느냐 임하지 않느냐 하는 내용은 그 법을 순종하는 백성이 있느냐 없느냐가 관건입니다. 주기도문에서 '나라가 임하옵소서'라고 기도하라는 말은 다른 말로 하면, 내가 그 법을 지킬 수 있는 힘을 주시며, 다른 사람들에게도 그 법을 지킬 수 있게 하옵소서 하고 기도하라는 뜻입니다. 그렇게 되어야 나라가 임하는 것입니다.

그렇다면 중생과 하나님 나라가 어떻게 연결되는지 알 수 있습니다. 우리는 앞에서 중생과 마음의 할례가 어떻게 연결되었는지를 보았습니다. 구약 이스라엘 백성은 마음의 할례를 받지 못한 백성인 까닭에 하나님의 율법을 받아가지고 있으면서도 순종하지 못했습니다. 그래서 율법의 저주를 받고 망했습니다. 그 때에 선지자들이 일어나서, 그렇다고 해서 하나님 나라가 없어지거나 실패하지 않는다, 앞으로 하나님이 사람들의 마음을 완전히 바꿔서 그 법을 지키게 하실 날이 있을 것이다 하고 선언했습니다. 예수님이 십자가를 지시고 부활하시고 성신을 통해서 사람에게 중생의 은혜를 베푸셔서 교회를 세우시는 때가 바로 그 날입니다. 그리고 중생한 사람은 성신의 능력으로 그 법을 지키는 생활을 합니다. 바로 이 생활 속에서 구약 이스라엘 백성의 딜레마, 곧 율법을 받기는 했으되 능력이 없어서 그것을 순종하지 못하는 연약이라는 문제가 해결된 것입니다. 중생을 통해서 비로소 하나님 나라가 지상에 건설되고 그 영광스러운 능력을 드러내는 것입니다.

중생한 사람은 지금 이 세상에서 그 나라가 전진하는 현실을 볼 눈이 있습니다. 그리고 그 나라에 들어가서 삽니다. 중생하지 못한 사람에게는 기독교라는 종교 하나가 있을 뿐입니다. 그리고 그 종교는 궁극적으로 자기의 행복을 위한 여러 수단 중의 하나일 뿐입니다. 이것이 거듭나지 않으면 하나님 나라를 볼 수도 없고 들어갈 수도 없다는 말씀의 뜻입니다. 중생의 최후의 관건은 하나님의 법을 순종함으로 그 나라의 백성 노릇을 하는 데에 있음을 기억하십시다

08
중생의 씻음(1)

3 우리도 전에는 어리석은 자요 순종하지 아니한 자요 속은 자요 여러 가지 정욕과 행락에 종 노릇 한 자요 악독과 투기를 일삼은 자요 가증스러운 자요 피차 미워한 자였으나 4 우리 구주 하나님의 자비와 사람 사랑하심이 나타날 때에 5 우리를 구원하시되 우리가 행한 바 의로운 행위로 말미암지 아니하고 오직 그의 긍휼하심을 따라 중생의 씻음과 성령의 새롭게 하심으로 하셨나니 6 우리 구주 예수 그리스도로 말미암아 우리에게 그 성령을 풍성히 부어 주사 7 우리로 그의 은혜를 힘입어 의롭다 하심을 얻어 영생의 소망을 따라 상속자가 되게 하려 하심이라 (딛 3:3-7)

중생은 하나님 나라 백성으로 살 수 있도록 선택하신 사람 안에 성신께서 한 새 사람을 만드시는 크고 신성한 일입니다. 사람은 죽어서 하나님 나라에 가는 것이 아니라 살아서 그 나라에 들어갑니다. 하나님이 주신 귀중한 생명을 가지고 이 세상에서 하나님 나라를 증거하면서 살다가, 이 세상의 삶이 마감되면 그대로 하늘에 있는 나라에 들어가는 것입니다. 거기서 비로소 완성된 하나님의 통치를 맛봅니다. 곧 죄가 없이 완전한 의가 이루어지는 세계입니다. 그 이전에 이 세상에서 경험하는 하나님 나라는 아직 불완전합니다. 이는 그리스도의 통치가 불완전하기 때문이 아니라 그것을 이루는 우리의 믿음이 불완전하기 때문입니다. 그러나 그렇다고 해서 절망할 일은 아닙니다. 하나님의 약속처럼 중생한 사람에게는 성신의 약속이 있습니다. 성신을 진정으로 의지하고 나아가면 지상에서 하나님의 나라를 힘있게 증거할 수 있습니다.

하나님께서 사람에게 중생의 은혜를 베풀어서 지상에서 하나님 나라를 이루고 살 수 있는 준비를 시키시는데, 이 준비에서 두 가지 중요한 것이 씻음과 새롭게 함입니다. 디도서 3:5에 "중생의 씻음과 성령의 새롭게 하심"이라는 표현이 나옵니다. 이 말씀은 에스겔서의 말씀과 바로 연결됩니다.[42] 이 구절은 메시아께서 승천한 후에 성신을 보내셔서 그 백성에게 이루실 중생의 요소를 보여줍니다. 하나는 과거의 부정을 씻는 것이고, 다른 하나는 새 마음을 주어 사람을 새롭게 하는 것입니다.

이제 중생의 씻음에 대해 보겠습니다. 하나님의 나라는 하나님께서 다스리시는 현실인데, 그 현실을 자기 것으로 하기 위해서는 사람

---

42) 24 내가 너희를 여러 나라 가운데에서 인도하여 내고 여러 민족 가운데에서 모아 데리고 고국땅에 들어가서 25 맑은 물을 너희에게 뿌려서 너희로 정결하게 하되 곧 너희 모든 더러운 것에서와 모든 우상 숭배에서 너희를 정결하게 할 것이며 26 또 새 영을 너희 속에 두고 새 마음을 너희에게 주되 너희 육신에서 굳은 마음을 제거하고 부드러운 마음을 줄 것이며 27 또 내 영을 너희 속에 두어 너희로 내 율례를 행하게 하리니 너희가 내 규례를 지켜 행할지라 (겔 36:24-27).

이 깨끗해야 합니다. 이것은 구약에서 일관되게 가르친 매우 중요한 진리입니다.[43] 이와 같이 깨끗하지 못하면 하나님이 계신 곳에 접근할 수 없습니다. 이는 하나님의 특이한 품성 때문입니다. 천지를 창조하신 우리 주 예수 그리스도의 아버지이신 하나님은 깨끗하신 분입니다. 자신이 깨끗할 뿐더러 자기에게 가까이 오고자 하는 사람에게 깨끗할 것을 요구하십니다. 이것이 하나님의 성품입니다. 그래서 이 시인은 손이 깨끗하며 마음이 청결하지 않으면 하나님을 가까이 할 수 없다고 말합니다. 구약의 레위기가 가르치는 중심 교훈이 하나님이 정결하시므로 하나님과 함께 하는 백성도 정결해야 한다는 진리입니다. 그리스도께서는 산상보훈에서 이 진리를 명확하게 선언하셨습니다.[44]

그런데 중생하지 않은 사람의 생활의 특징이 깨끗하지 못하다는 것입니다. 디도서 3:3에 보면 "우리도 전에는 어리석은 자요 순종하지 아니한 자요 속은 자요 여러 가지 정욕과 행락에 종 노릇 한 자요 악독과 투기를 일삼은 자요 가증스러운 자요 피차 미워한 자였으나"라고 말합니다. 이것이 중생하지 않은 마음이 만들어내는 악덕이고, 이런 악덕 때문에 사람은 더럽습니다. 그런 행동들은 사람이 보기에도 더럽거늘 완전히 깨끗하신 하나님이 보실 때에는 얼마나 더러울지

---

43) 3 여호와의 산에 오를 자가 누구며 그의 거룩한 곳에 설 자가 누구인가 4 곧 손이 깨끗하며 마음이 청결하며 뜻을 허탄한 데에 두지 아니하며 거짓 맹세하지 아니하는 자로다 (시 24:3-4).

44) 8 마음이 청결한 자는 복이 있나니 그들이 하나님을 볼 것임이요 (마 5:8).

상상하기도 어려울 지경입니다. 또한 로마서도 이 진리를 가르칩니다.[45] 이런 더러움 속에서 사람들은 하나님의 원수가 되어 영원한 멸망을 향하여 치달아가는 것입니다.

그래서 사람에게 중생의 은혜를 내리실 때 하나님은 그들의 더러움을 씻어 내십니다. 그렇다면 중생하여 하나님 나라로 들어가는 사람은 과거의 부정과 죄를 씻어야 한다는 중요한 진리를 여기서 배울 수 있습니다. 이렇게 씻는 것이 중생의 본질적인 요소이기 때문에 디도서 3:5은 "중생의 씻음"이라는 표현을 사용했습니다. 여기 씻음이라는 말은 목욕이라는 뜻입니다. 사람은 목욕을 하면서 몸에 묻은 더러움을 씻어냅니다. 중생에 이와 같은 의미가 있습니다. 중생이란 영적인 현상이므로 결국 중생의 씻음이란 죄와 영적 도덕적 불결을 씻어내는 것을 가리킵니다.

이렇게 씻어내는 것은 성신께서 친히 사람의 영혼과 인격 속에서 이루시는 일입니다. 그것은 하나의 중요한 사건으로 발생합니다. 이것은 사람이 자기 힘으로 하는 일이 아니라 하나님의 신이신 성신께서 하시는 일입니다. 이것이 아주 강력한 일이기 때문에 이 씻음을 받는 사람은 그에 상응하는 경험을 하게 됩니다. 그 경험을 통해서 그는

---

45) 21 하나님을 알되 하나님을 영화롭게도 아니하며 감사하지도 아니하고 오히려 그 생각이 허망하여지며 미련한 마음이 어두워졌나니 22 스스로 지혜 있다 하나 어리석게 되어 23 썩어지지 아니하는 하나님의 영광을 썩어질 사람과 새와 짐승과 기어다니는 동물 모양의 우상으로 바꾸었느니라 24 그러므로 하나님께서 그들을 마음의 정욕대로 더러움에 내버려 두사 그들의 몸을 서로 욕되게 하게 하셨으니 25 이는 그들이 하나님의 진리를 거짓 것으로 바꾸어 피조물을 조물주보다 더 경배하고 섬김이라 주는 곧 영원히 찬송할 이시로다 아멘 (롬 1:21-25).

자신이 깨끗해졌다는 사실을 알게 됩니다. 그것이 두 단계로 일어납니다.

첫째 단계는 자신의 불결을 깨닫는 것입니다. 이것이 중생한 사람이 가지게 되는 특이한 경험입니다. 과거에는 자신이 그렇게 불결하다고 느끼지 못했습니다. 그런데 중생의 사실이 발생하면 자신을 불결하다고 느낍니다. 그의 영혼이 중생으로 인해서 하나님을 생생하게 알기 때문입니다. 만약 그 하나님이 불결하다면 그 앞에서 자기를 불결하다고 느끼지 못할 것입니다. 그런데 그 하나님이 지극히 정결한 하나님입니다. 그래서 사람이 하나님을 만나면 가장 먼저 가지게 되는 이상한 감정이 자기는 불결하다는 느낌, 그리고 자신이 혐오스럽다는 느낌입니다. 이사야의 경험이 아주 대표적인 경험입니다. 환상 가운데 여호와의 영광을 보고서는 "화로다 나여 망하게 되었도다 나는 입술이 부정한 사람이요 나는 입술이 부정한 백성 중에 거주하면서 만군의 여호와이신 왕을 뵈었음이로다"(사 6:5)라고 말하는 까닭입니다. 자신의 불결을 깨달은 사람의 딜레마는 그 불결을 스스로 씻을 수 없다는 것입니다.

베드로도 이와 비슷한 경험을 했습니다. 누가복음 5장에 보면 제자들이 밤새 애를 쓰고서도 고기를 잡지 못했을 때 예수님께서 오셔서 깊은 데로 가서 그물을 내리라고 말씀하셨고 제자들이 그 말씀을 순종했을 때 그물이 찢어질 정도로 많은 고기를 잡았습니다. 그리스도의 신성한 영광이 드러난 순간이었습니다. 그 때 베드로가 이런 반응을 보입니다. "주여 나를 떠나소서 나는 죄인이로소이다"(눅 5:8하). 베드로는 그 순간 그리스도에게서 영원한 하나님의 깨끗함을 보고, 동시에 죄인인 자신의 더러움을 느끼고 자신이 그리스도와 함께 할 수 없는 존재임을 고백한 것입니다.

둘째 단계로 사람에게 죄를 씻는 그리스도의 보혈의 능력과 효과가 전해지면 그의 안에 믿음이 일어납니다. 곧 그 보혈의 능력이 자기에게 적용된다는 믿음입니다. 이 믿음이 아주 생생하고 힘 있는 믿음이어서 자기의 모든 더러움이 깨끗이 씻어진 것을 알게 됩니다. 이것은 자기의 더러움이 씻어졌다고 그냥 믿는다는 말이 아닙니다. 정결케 하는 그리스도의 피의 능력을 분명히 알게 되고 그 피가 자기에게 뿌려져서 자기의 더러움이 씻어진 것을 아는 것입니다. 즉 씻는 일이 자기에게서 발생한 사실을 아는 것입니다. 실제로 씻어지는 일이 없는데 씻어진다고 생각하는 것이 아닙니다. 실제로 씻어진 사실이 발생했기 때문에 자기가 이제 깨끗해진 사실을 깨닫는 것입니다. 이것이 중생의 씻음입니다. 하나님께서 중생의 은혜를 베푸실 때에 그의 더러움을 씻으십니다. 그리고 성신으로 그 사실을 그의 영혼에 알려 주십시다. 그러면 그 사람은 자기가 씻어진 사실을 아는 것입니다. 이것을 가리켜서 우리는 자기가 씻어졌음을 믿는다고 표현합니다.

그런데 그 씻음이 완전하고 철저합니다. 이 씻음을 경험한 시인은 "동이 서에서 먼 것같이 우리의 죄과를 우리에게서 멀리 옮기셨으며"(시 103:12)라고 노래했습니다. 또 자기들의 죄과가 용서되지 못할 것이라

고 걱정하는 이스라엘 백성을 향해서 하나님께서 이사야를 통해서 확언하셨습니다.[46]

이와 같이 중생의 씻음에서 두 가지 일이 발생합니다. 하나는 자기가 불결하다는 느낌이고 다른 하나는 자기의 불결이 씻어져서 이제 자기는 깨끗하다는 느낌입니다. 하나님께서 택하신 백성에게 중생을 일으키실 때 이렇게 그들의 불결을 씻어내실 뿐만 아니라 그들의 불결함이 씻어져서 이제는 깨끗하다는 사실을 그 영혼에 알려 주십니다. 이것이 절대적으로 필요한 이유는 그 백성이 지속적으로 깨끗한 삶을 살게 하기 위함입니다. 더러운 사람은 더러운 일에 손을 담그기가 쉽습니다. 그러나 깨끗한 사람은 더러운 일에 손을 대기가 싫어집니다. 이것이 깨끗함을 경험한 사람에게 자연스러운 일입니다. 과거 한 때 더러운 환경에서 살 때에는 더러운 것을 잘 견뎠습니다. 그러다가 깨끗한 환경 속에서 한동안 살게 되면 더러운 환경이 더 견디기 어려워지는 것과 같은 이치입니다. 이것은 영적 도덕적으로도 마찬가지입니다. 도덕적으로 더러운 사람은 더러운 일을 하면서 별로 혐오감을 느끼지 않습니다. 그러나 깨끗한 사람은 부도덕한 일을 그만큼 혐오하게 됩니다. 이런 이유로 하나님은 자기 백성을 씻을 뿐더러 그들이 씻음을 받은 사실을 그들의 영혼에 알려 주시고, 자기들은 이제 정결하게 되었다는 사실을 의식하게 하시는 것입니다.

---

[46] 18 여호와께서 말씀하시되 오라 우리가 서로 변론하자 너희의 죄가 주홍 같을지라도 눈과 같이 희어질 것이요 진홍 같이 붉을지라도 양털 같이 희게 되리라 (사 1:18).

그러나 이 세상에서 사는 동안 신자는 원치 않으면서도 더러운 일을 당합니다. 육신의 연약 때문에 발생하는 여러 가지 더러움이 있습니다. 불쑥 솟아나는 미움, 악인의 득세에 대한 시기심, 근거 없는 교만, 세상적 행복에 대한 욕심 등등 신자의 영혼을 더럽히는 일들이 심심치 않게 벌어집니다. 그래서 그리스도께서는 목욕한 사람도 발은 씻어야 한다는 진리를 가르쳐 주신 것입니다.[47]

이와 같이 그리스도의 피로 깨끗함을 받은 사람도 발은 씻어야 합니다. 그런데 이렇게 발을 부지런히 씻으려면 우선 그가 깨끗한 사람이 되어야 하고, 그 결과 더러움이 싫어져야 합니다. 그 더러움이 끔찍하게 싫어져서 더러움을 묻히고는 한시도 견딜 수 없는 품성이 있어야 그가 즉시 더러움을 씻어내어 정결함을 유지할 것입니다. 이런 과정을 통해서 하나님의 백성은 거룩한 생활을 유지하며, 하나님 나라의 모습을 더욱 힘있게 드러내는 것입니다.

---

47) 10 예수께서 이르시되 이미 목욕한 자는 발밖에 씻을 필요가 없느니라 온 몸이 깨끗하니라 (요 13:10상).

09
중생의 씻음(2)

28 우리가 알거니와 하나님을 사랑하는 자 곧 그의 뜻대로 부르심을 입은 자 들에게는 모든 것이 합력하여 선을 이루느니라 (롬 8:28)

중생이 과거의 죄와 허물을 씻는다는 사실을 눈앞에 보여주고 확증하는 것이 세례입니다. 세례에 물이 사용되는 것이 그 이유입니다. 중생의 씻음을 예언한 구약도 물로 씻는다는 표현을 사용했습니다.[48] 그런데 여기서 사용된 물로 씻는다는 말은 실은 상징입니다. 물은 물질적인 더러움을 씻어낼 수는 있지만, 정신적인 더러움이나 도덕적인 악을 씻어낼 수는 없습니다. 그러므로 물로 죄를 씻는다는 것은 상징입니다. 그럴 때 물로 씻는 표현이 가리키는 실재는 바로 중생에서 발생하는 일입니다. 그래서 디도서는 중생의 씻음이라는 표현을 사용했

---

48) 24 내가 너희를 여러 나라 가운데에서 인도하여 내고 여러 민족 가운데에서 모아 데리고 고국땅에 들어가서 25 맑은 물을 너희에게 뿌려서 너희로 정결하게 하되 곧 너희 모든 더러운 것에서와 모든 우상 숭배에서 너희를 정결하게 할 것이며 (겔 36:24-25).

습니다.

그렇다면 중생의 씻음을 받을 때 사람에게서 구체적으로 어떤 일이 발생하는가를 로마서가 가르쳤습니다.[49] 곧 그리스도와 연합하여 함께 죽고 함께 부활하여 새로운 생명을 가지고 새로운 생활을 하게 되는 것입니다. 하이델베르크 요리문답 88문은 이것을 참된 회개라고 가르쳤습니다. 이 정의는 기억할 만합니다. 기독교에서 말하는 진정한 회개란 단순한 개과천선이 아니라 옛 사람이 죽고 새 생명으로 다시 살아나는 것 곧 변개입니다.

9강에서 우리가 특별히 생각하고자 하는 것은 이 중생의 영향력이 미치는 범위가 어느 정도냐 하는 것입니다. 예를 들어서 어떤 사람이 과거에 음주운전을 하다가 전신주를 들이받는 사고를 냈습니다. 그 사고로 한쪽 다리를 절단하여 불구가 되었습니다. 그런데 그가 중생의 씻음을 받았습니다. 이럴 때 중생의 씻음이 그 사람에게 어느 정도로 의미가 있겠느냐 하는 것입니다.

중생의 씻음은 당연히 그가 범한 모든 죄를 사합니다. 거기에는 물론 음주운전을 하여 사고를 낸 잘못까지 포함됩니다. 하나님은 예수 그리스도 안에서 그 모든 죄를 사하시고 마치 그가 그런 잘못을 범한

---

49) 3 무릇 그리스도 예수와 합하여 세례를 받은 우리는 그의 죽으심과 합하여 세례를 받은 줄을 알지 못하느냐 4 그러므로 우리가 그의 죽으심과 합하여 세례를 받음으로 그와 함께 장사되었나니 이는 아버지의 영광으로 말미암아 그리스도를 죽은 자 가운데서 살리심과 같이 우리로 또한 새 생명 가운데서 행하게 하려 함이니라 5 만일 우리가 그의 죽으심과 같은 모양으로 연합한 자가 되었으면 또한 그의 부활과 같은 모양으로 연합한 자도 되리라 (롬 6:3-5).

적이 없는 것처럼 완전히 깨끗한 사람으로 간주하십니다. 그런데 다리 하나를 절단하여 지금 불구로 존재하는 현실이 그가 중생의 씻음을 받았다고 해서 그 다리까지 원상으로 복구되지는 않습니다. 그는 불구인 채로 남은 생애를 살아야 합니다. 그러면 하나님이 중생의 씻음으로 죄는 용서하지만, 그 죄로 인한 비극적 결과는 그대로 남겨두면서 그것을 영원히 당하고 살아라 하고 말씀하실까요? 물론 거기에 그런 요소가 없는 것이 아닙니다. 사람은 심은 대로 거두는 법입니다. 그러므로 그가 과거의 잘못으로 인해서 지금 어떤 악한 결과를 거두고 있다면 그것은 정당한 일입니다.

그러나 이것이 전부가 아닙니다. 만약 그것이 전부라면 중생의 씻음은 우리의 도덕적인 악 곧 죄의 문제만을 다루고 그 죄의 결과 초래되는 물리적인 악은 다루지 못한다고 결론 내려야 할 것입니다. 하지만 그렇지 않습니다. 중생은 죄만 용서하는 것이 아니라 그를 완전히 새 사람으로 만듭니다. 새 사람으로 만든다는 것은 그의 지정의가 변화하는 것입니다. 그래서 중생의 사실은 불구라는 사실에 대해서 무엇인가 영향을 미칩니다. 예를 들면, 중생하기 전에는 음주운전으로 인한 불구를 후회하고 한탄하면서 자기의 과거를 미워하고 회한 속에서 살 수 있습니다. 그런데 중생한 사람은 그 과거를 새로운 빛으로 볼 수 있습니다. 불구의 고통은 불구인 상태에 있는 사람만이 알 수 있습니다. 휠체어를 타고 다니는 사람만이 길에 있는 작은 턱이 얼마나 불편한지, 그것이 그 사람에게 얼마나 높은 절벽인지 실감할 수 있습니다. 그러므로 불구의 상태에서 중생한 사람은 자기와 같은 불구자와 진정으로 공감할 수 있고 따라서 참된 위로와 도움을 줄 수 있습니다. 그것은 불구가 없는 사람과는 전혀 다른 방식의 기회가 될 수 있습니다. 이렇게 생각하면 자신이 불구라는 사실이 반드시 불행이기만 한 것이 아닙니다. 중생하지 않았을 때에는 오직 피하고 싶은 현실이고 후회스러운 현실이기만 했지만 중생한 후에는 그것이 도리어 선한 의미를 가질 수가 있습니다. 불구의 사실은 거기에 있지만 그것이 하나님의 완전한 통치라는 새로운 빛 속에서 재해석되어 그 의미가 역전되는 것입니다. 이것이 또한 중생이 사람의 영혼에 미치는 선한 영향입니다. 중생이 과거의 죄로 인한 어떤 악한 결과를 즉시 고치지는 못하지만 그것의 의미를 바꿔 놓습니다.

또 다른 예로, 게으름 속에서 살다가 현재 가난이라는 현실 속에 사는 사람이 있다고 하십시다. 성경은 사람이 게으르면 가난해진다고 가르쳤습니다. 그런데 그가 중생을 하여 씻음을 받았습니다. 그러면 그의 게으름이라는 죄는 용서를 받습니다. 하지만 그 게으름으로 인한 가난까지 하루 아침에 사라지는 것은 아닙니다. 중생한 다음날 감격 속에서 눈을 떠도 여전히 자신은 가난 속에 있습니다. 그러나 중생한 사람에게는 그 가난이 반드시 악한 영향만을 끼치지 않습니다. 우선 그가 가난함으로 겸손하게 되기가 쉽습니다. 다음으로는 과거의 게으름을 거울 삼아 더욱 성실히 일할 수 있습니다. 이렇게 되어 비록 게으름으로 인해 가난이라는 경제적 악을 지금 열매로 거두고 있다 하더라도 그것이 중생의 씻음을 받은 사람에게는 좋은 열매를 위한 밑거름이 될 수 있습니다. 이런 방식으로 하나님께서는 중생하여 자기 자녀가 된 사람들의 마음을 변화시켜 그가 처한 환경이 어떤 것이든지 거기서 선한 결과를 이끌어 내십니다. 이렇게 해서 하나님은 사람의 도덕적 악만을 처리하시는 것이 아니라 그의 물리적 문제까지 해결해 주시는 것입니다.

그러므로 자신이 과거의 죄로 인해 지금 어떤 악을 거두고 있든지 하나님은 중생의 씻음과 함께 그 악이 변하여 선한 결과를 거두도록 섭리하신다는 것을 기억해야 합니다.

여기서 조금 더 미묘한 문제를 생각해 보겠습니다. 어떤 사람이 어렸을 때에 부모에게 학대를 당했습니다. 그 학대의 결과 어떤 형태의 심리적 어려움을 가지고 산다고 가정하십시다. 그런데 그가 중생하여 씻음을 받았습니다. 그러면 과거의 경험으로 인한 심리적 어려움은 어떻게 되겠습니까? 그것은 중생이 처리하지 못하는 영역에 있을까요? 오늘날 많은 사람은 그렇다고 생각하는 듯합니다. 하지만 반드시 그런 것이 아닙니다. 심리적 문제에 대해서도 하나님은 중생을 통해서 능히 치료하십니다. 사람이 당하는 모든 일은 언제나 양면을 가지고 있습니다. 예를 들면, 가난한 사람은 경제적인 악을 경험하므로 결핍 속에서 살기 때문에 위축될 수 있지만, 중생한 사람에게는 그것이 사람을 겸손하게 만들며 가난한 사람과 공감을 느낄 수 있는 계기가 될 수도 있습니다. 이것은 사람이 처한 모든 현실에 동일하게 적용될 수 있습니다.

마찬가지로 심리적인 문제에도 이 원리가 적용될 수 있습니다. 예를 들어서 어려서 아버지에게 학대를 당한 사람이 있다고 가정하십시다. 어떤 사람은 그런 경우에 하나님을 '아버지'라고 부르기가 어려워진다고 말들을 합니다. 하지만 반드시 그렇게 되어야만 하는 것은 아닙니다. 그가 받은 학대의 사실 때문에 그는 하나님을 더 사랑할 수도 있습니다. 아버지의 사랑과 보호를 받지 못한 목마름이 하나님이 자기 아버지가 된다는 사실을 더욱 기뻐하면서 하나님께 더욱 가까이 가는 계기가 될 수도 있는 것입니다. 성신님께서 그 사람의 영혼에 역사하면 과거의 경험이 얼마든지 그런 결과를 낼 수 있습니다. 이것은 한 예에 불과하지만, 과거에 경험했던 어떠한 심리적 문제도 중생의 씻음을 받은 사람에게는 그것이 변하여 선하게 사용될 수 있습니다.

이 점에 있어서 오늘날 널리 퍼져 있는 과도한 심리학적 결정론은 반성의 여지가 많아 보입니다. 마치 과거의 어떤 정신적 상처는 반드시 그에 상응하는 결과를 내는 것처럼 가르치지만 사람은 그렇게 기계적으로 움직이는 존재가 아닙니다. 인간이 가진 신비한 자유와 변화의 능력 때문에, 똑같은 경험을 했다고 하더라도 전혀 다른 결과를 얻는 것입니다. 부자가 자기의 재산 때문에 멸망할 수도 있지만, 그 재산으로 하나님과 이웃을 위한 유용한 일꾼이 될 수도 있는 것과 마찬가지입니다.

이것이 성경적 근거가 있을까요? 물론 있습니다. 바로 로마서 8:28

말씀입니다.50) 여기 "모든 것"은 말 그대로 "모든 것"입니다. 하나님을 사랑하지 않는 사람 곧 그 뜻대로 부르심을 입지 않은 사람에게는 모든 것이 합력하여 궁극적으로 악을 이루고 맙니다. 그러나 부르심을 입은 자 곧 중생의 씻음을 받은 자에게는 과거에 당한 모든 일, 지금 당하고 있는 모든 일, 그리고 미래에 당할 모든 일이 궁극적으로 하나님께서 의도하신 그 선한 일을 이루는 것입니다. 그것이 가능한 이유는 분명합니다. 그 모든 것이 하나님의 완전한 통제 하에 있기 때문입니다.

동시에 이런 문제를 다룰 때에 우리는 사람들의 정신적 능력이 다 같지 않다는 것을 고려하게 됩니다. 어떤 사람은 다른 사람보다 정신적 스트레스를 더 잘 견딥니다. 이것은 육체적 힘이 서로 다른 것과 비교할 수도 있습니다. 그래서 이렇게 정신적 능력이 강한 사람들은 그렇지 못한 사람들이 작은 스트레스에도 견디지 못하는 것을 이상하게 생각할 수 있습니다. 믿음에 있어서도 마찬가지입니다. 믿음의 정도에 따라서 하나님의 말씀에서 위로와 힘을 얻는 정도도 다릅니다. 그러므로 고난을 당하고 통과해 나가는 과정에서 사람들마다 모두 동일한 결과를 기대할 수 없습니다. 이런 의미에서 신자가 이런 차이를 서로 이해하고 받아들이는 것은 중요합니다.

어떤 사람이 교통사고로 다리 하나를 잃고 중생한 경우를 보십시다. 비록 그가 중생한 시기는 그의 삶의 어느 순간이지만, 사실 그의

---

50) 28 우리가 알거니와 하나님을 사랑하는 자 곧 그의 뜻대로 부르심을 입은 자들에게는 모든 것이 합력하여 선을 이루느니라 (롬 8:28).

중생은 하나님의 영원한 작정 가운데 포함되어 있었습니다. 그런 의미에서 그는 중생하기 전에도 하나님의 완전한 사랑과 보호 가운데 있었던 것입니다. 그가 당한 모든 일, 그가 어떤 부모에게서 태어나고 어떤 환경에서 자라고 어떤 경험을 하고 한 모든 것들이 하나님의 완전한 통제 하에서 발생했습니다. 그야 말로 '모든 일'이 하나님의 통치의 결과입니다. 그러니까 중생한 신자는 그 모든 것이 자기에게 궁극적으로 유익이 된다는 것을 확실히 알 수 있습니다. 로마서 8:28의 교훈이 그것입니다. 모든 일이 하나님의 완전한 통제 하에 있다면 그 일의 성격이 어떠하든지 그것은 궁극적으로 신자에게 반드시 유익이 됩니다. 자기 아들을 아끼지 아니하시고 내어주신 하나님의 사랑에 비춰보면, 만약 나에게 다리 두 개 있는 것이 필요했다면 하나님은 나에게서 다리 하나를 제거하지 않았을 것임이 너무나 분명합니다. 내가 지금보다 더 큰 집에 사는 것이 나에게 정말로 유익하다면 나를 지금보다 더 큰 집에 살게 하셨을 것입니다. 내가 지금보다 더 부자로 사는 것이 나에게 정말로 유익했다면 나를 지금보다 더 부자로 살게 하셨을 것입니다. 그러나 그 역도 마찬가지입니다. 만약 나에게 유익하다면 하나님은 나를 지금보다 훨씬 가난한 위치에 두실 수도 있었습니다. 지금 나에게 주어진 환경은 하나님께서 나를 위해 허락하신 최적의 환경입니다. 그래서 신자는 지금 자기의 처지가 어떠하든지 거기에 대해 완전히 감사하고 만족할 수 있는 것입니다. 그러나 이 만족이 게으름을 정당화시키는 구실이 될 수 없습니다. 그는 자기에게 주어진 기회를 최대로 선용하여 성실히 일하여 하나님과 이웃에게 유용한 사람으로 살아야 합니다.

그러나 거기에 다른 면이 있습니다. 자기 처지에 대한 만족은 자기에 대해서만 해야 합니다. 성경은 다른 사람에 대해서도 그렇게 생각하라고 가르치지 않습니다. 먹을 것이 없고 일을 할 능력이 없는 사람에게, '당신의 지금의 처지가 당신에게 가장 좋은 처지이므로 거기서 굶어 죽으시오' 라고 말할 수 없습니다. 하나님은 그런 사람에게 먹을 것을 주라고 말씀하십니다. 불구가 되어 어쩔 수 없이 사는 사람에게 '불구가 당신의 최선의 상태이니 그대로 사시오' 라고 말할 수 없습니다. 그의 불편을 덜어주고 그가 좀 더 쾌적하게 살 수 있는 가능한 모든 도움을 베풀어야 합니다. 심리적인 어려움을 겪고 있는 사람의 경우에도 마찬가지입니다. 자기의 경우에는 그것을 하나님의 섭리 속에서 선하게 해석하지만 다른 사람에게까지 그것을 강요할 수 없습니다. 슬퍼하는 사람과 함께 울고 기뻐하는 사람과 함께 기뻐하는 것이 신자의 의무입니다.

결론적으로 중생의 씻음은 과거의 모든 죄와 허물과 불결을 씻을 뿐만 아니라 죄로 인해 초래된 육체적 정신적 모든 악에 대해서도 분명한 해결책이 됩니다. 하나님께서 신비한 방식으로 모든 것이 변하여 복이 되게 하시는 것입니다. 만약 이것을 믿지 않는다면 그 복음은 관념적인 복음이 되고 말 것입니다.

2부

자기 부인

10
하나님이 정하신 방법으로
하나님께 나아가야 함

21 이 때로부터 예수 그리스도께서 자기가 예루살렘에 올라가 장로들과 대제사장들과 서기관들에게 많은 고난을 받고 죽임을 당하고 제삼일에 살아나야 할 것을 제자들에게 비로소 나타내시니 22 베드로가 예수를 붙들고 항변하여 이르되 주여 그리 마옵소서 이 일이 결코 주께 미치지 아니하리이다 23 예수께서 돌이키시며 베드로에게 이르시되 사탄아 내 뒤로 물러가라 너는 나를 넘어지게 하는 자로다 네가 하나님의 일을 생각하지 아니하고 도리어 사람의 일을 생각하는도다 하시고 24 이에 예수께서 제자들에게 이르시되 누구든지 나를 따라오려거든 자기를 부인하고 자기 십자가를 지고 나를 따를 것이니라 25 누구든지 제 목숨을 구원하고자 하면 잃을 것이요 누구든지 나를 위하여 제 목숨을 잃으면 찾으리라 (마 16:21-25)

아홉 번의 강설을 통해서 중생에 대해서 보았습니다. 중생이란 하나님께서 전권을 가지고 이루시는 일로 사람이 거기에 전혀 가담할 수 없습니다. 누가 언제 어떤 계기를 통해서 중생하는가 하는 모든 것이 하나님의 전권에 달려 있다는 뜻입니다. 오직 하나님께서 중생의 은혜를 주시기로 작정하신 사람이, 하나님께서 원하시는 때에, 하나님께서 정하신 계기로 중생합니다. 물론 이 때 사용되는 도구는, 정상적인 정신적 기능을 가진 사람인 한, 복음의 말씀입니다. 그렇게 해서 중생한 사람은 새 생명을 받아서 새 삶을 살게 됩니다.

2부에서 살펴볼 내용은 중생한 사람에게서 일어나는 주관적인 경험과 현상입니다. 중생이란 사람이 경험할 수 있는 가장 큰 변화입니다. 특히 그것은 인간적인 수준의 변화가 아니고, 그 효과가 이 세상으로 제한되는 변화도 아닙니다. 그것은 사람이 참 믿음으로 그리스도와 연합하여 신성한 생명이 그에게 발휘되는 일이고, 그 변화는 그 사람에게 영원한 영향을 끼치므로, 그것이 사람의 의식 속에서 아무 일도 일으키지 않을 수 없습니다. 중생은 사람의 의식과 삶에 큰 변화를 일으키고 자신이 중생한 사실을 그 사람 자신이 알게 되는 현상입니다.

중생한 사람이 가장 먼저 하는 일은 참 믿음으로 참 하나님께 나아가는 것입니다. 이것은 중생하지 않았을 때에는 한 번도 해본 적이 없는 특이한 일입니다. 이것이 신자의 현실 생활에서는 교회에 나가기 시작하는 것으로 드러납니다. 그러나 교회에 출석하는 것과 하나님 앞에 나아가는 것이 반드시 일치하지는 않습니다. 왜냐하면 사람은 참 하나님 앞에 나아가지 않으면서도 기독교라는 종교에 귀의하여 그것의 집회 장소인 예배당에 나갈 수 있기 때문입니다. 마치 다른 종교의 신자가 그 종교에 귀의하여 그 종교의 집회장소에 나아가는 것과 똑같은 상태와 방식으로 교회에 나갈 수 있다는 말입니다. 이런 예가 성경에도 많이 있으므로 언제나 주의해야 합니다.

그런데 진정으로 하나님께 나아가는 사람이 가져야 하는 특이한 태도가 있습니다. 그것을 주님께서는 자기를 부인하고 자기 십자가를 지고 주님을 따른다는 말로 가르치셨습니다.[51] 우리가 하나님 앞으로 나서서 하나님을 만나는 일 속에서 가장 중요한 것이 그리스도를 따라가는 것입니다. 그러므로 앞으로 몇 번에 걸쳐서 이 말씀의 뜻을 살펴 보겠지만, 그 전에 한 가지 명확하게 하고 넘어갈 것이 있습니다. 그것은 오해의 여지가 없이 명료한 이 말씀의 뜻과 그 무게입니다. 이 말씀의 엄격함 때문에 자칫 이 요구의 절대성을 약화시키려는 유혹을 받을 수 있습니다. 이런 자기 부인은 기독교 사역자들에게는 해당되지만 평신도에게는 해당되지 않는다는 식의 태도가 그런 것입니다. 그런 태도는 매우 부당합니다. 이 말씀은 사람의 말이 아니라 전능하신 하나님의 말씀으로 무겁고도 두려운 말씀입니다. 그러므로 이 말씀을 그대로 받고 그대로 순종할 생각을 해야지, 그것이 어려워 보인다고 해서 적당히 얼버무리려는 태도는 매우 부당합니다. 하나님 말씀에 무엇을 더해서도 안되고 무엇을 감해서도 안됩니다.

여기서 먼저 배워야 하는 중요한 진리가 하나 있습니다. 하나님께 나가는 사람은 나가는 방법에서부터 하나님이 정하신 길을 따라야 한다는 것입니다. 가만히 생각해 보면 이것은 너무나 당연한 일입니다. 사람이 하나님께 나가는 것은 하나님으로부터 거룩한 뜻을 배워

---

[51] 24 이에 예수께서 제자들에게 이르시되 누구든지 나를 따라오려거든 자기를 부인하고 자기 십자가를 지고 나를 따를 것이니라 (마 16:24).

서 그것을 순종하여 살기 위함입니다. 그렇다면 하나님께 나가는 방법에서부터 순종해야 합니다. 하나님께 나갈 때에는 자기 뜻대로 나가고, 하나님 앞에 나간 다음에는 그 뜻을 받아서 순종하겠다는 태도가 말이 안된다는 것을 쉽게 알 수 있습니다.

하나님께서는 이 중요한 진리를 가르치시기 위해서 성경에서 두 가지 두려운 일을 보여 주셨습니다. 구약과 신약에 각각 하나씩 있습니다.

> 1 아론의 아들 나답과 아비후가 각기 향로를 가져다가 여호와께서 명령하시지 아니하신 다른 불을 담아 여호와 앞에 분향하였더니 2 불이 여호와 앞에서 나와 그들을 삼키매 그들이 여호와 앞에서 죽은지라 (레 10:1-2)

이것은 슬프고도 두려운 사건이었습니다. 이 이야기의 배경을 보면, 하나님께서는 성막을 관리하는 일을 레위 지파에게 맡기셨습니다. 광야에서 여행을 하는 동안 성막을 세웠다가 철거하고 운반하고 다시 세우는 일을 반복해야 했는데 그 일을 레위 지파가 전담한 것입니다. 만약 레위 지파가 아닌 사람이 거기에 개입하면 죽이게 되어 있었습니다.[52] 이것은 사람이 하나님을 두렵게 생각해야 한다는 것을 가르치는 교훈입니다. 사람은 자기 마음대로 하나님을 섬기겠다고 나서지

---

[52] 51 성막을 운반할 때에는 레위인이 그것을 걷고 성막을 세울 때에는 레위인이 그것을 세울 것이요 외인이 가까이 오면 죽일지며 (민 1:51).

못하는 것입니다.

그런데 성막에 들어가서 성막 안의 일을 처리하거나, 희생 제사를 담당하여 피를 가지고 성막에 들어가거나 하는 일은 레위 지파 사람 중에서도 특별히 아론의 후손이 하게 되어 있었습니다. 하나님께서 아론을 선택하여 대제사장으로 세우시면서 이스라엘에서 제사장의 일을 그의 후손이 맡도록 하신 것입니다. 이 아론의 아들이 넷이었는데, 나답, 아비후, 엘르아살, 이다말이었습니다(민 26:60). 이 네 아들과 그들의 후손이 대대로 이스라엘 백성 중에서 제사장 역할을 하게 된 것입니다. 그 네 아들 중에서 나답과 아비후가 나이가 많아서 먼저 제사장 직분을 담당하게 되었습니다. 그런데 그만 하나님께서 명하신 절차를 어기다가 죽임을 당한 것이 이 이야기의 배경입니다.

레위기 10:1에 보면 "여호와께서 명령하시지 아니하신 다른 불을 담아 여호와 앞에 분향한" 것이 그 잘못입니다. 이 내용을 조금 더 자세히 보겠습니다. 광야에서 이스라엘 백성이 하나님을 만나던 장막은 성소와 지성소로 나누어지는데 그 둘을 나누는 것이 휘장이었습니다. 장막 문으로 들어가면 성소가 되고, 그 앞쪽에 휘장이 쳐져 있고 휘장 너머가 지성소입니다. 지성소 안에는 법궤만 있었고 거기는 아무런 인위적인 불이 없었어도 하나님의 영광의 빛이 훤히 빛나고 있었습니다. 그리고 성소의 휘장 앞에는 분향단이 있어서 거기에 향을 피워서 늘 향 연기가 올라가게 해야 했습니다. 그 향로에 불을 취하는 절차가 율법에 규정되어 있습니다.[53] 즉 향을 피우기 위한 불은 성막 앞 번제단 위에서 피운 불에서 취해야 했습니다. 이 번제단의 불을 꺼뜨리지 말고 늘 피워 놓아야 했습니다.[54] 그 단에서 피운 불을 향로에 담아 가지고 장막 안으로 들어가서 휘장 앞에 향을 피워야 했던 것입니다. 그런데 나답과 아비후는 어떤 이유인지 그렇게 규정된 불이 아닌 자기 마음대로 준비한 불을 가져다가 향을 피우려 한 것입니다.

어떻게 보면 간단한 일 같습니다. 무슨 사정이 있었는지, 단의 불이 꺼져 있었는지는 알 수 없으나 좌우간 그들은 하나님 앞에 향을 피우기 위해서 불을 취할 때에 지켜야 하는 절차를 무시하고 자기 마음대로 어디서 불을 구해다가 향을 피우려 한 것입니다. 어쩌면 이 사람들은 향을 피우는 것이 중요했고, 시간이 없어서 급하게 불을 붙였는지도 알 수 없습니다. 그 사정이야 어떻게 되었든지 이들은 하나님께 나가면서 하나님께서 정한 규칙을 따르지 않고 자기 마음대로 정한 규칙대로 하려 했습니다. 그러다가 죽임을 당한 것입니다. 즉 하나님께

---

53) 12 향로를 가져다가 여호와 앞 제단 위에서 피운 불을 그것에 채우고 또 곱게 간 향기로운 향을 두 손에 채워 가지고 휘장 안에 들어가서 13 여호와 앞에서 분향하여 향연으로 증거궤 위 속죄소를 가리게 할지니 그리하면 그가 죽지 아니할 것이며 (레 16:12-13).

54) 8 여호와께서 모세에게 말씀하여 이르시되 9 아론과 그의 자손에게 명령하여 이르라 번제의 규례는 이러하니라 번제물은 아침까지 제단 위에 있는 석쇠 위에 두고 제단의 불이 그 위에서 꺼지지 않게 할 것이요 10 제사장은 세마포 긴 옷을 입고 세마포 속바지로 하체를 가리고 제단 위에서 불태운 번제의 재를 가져다가 제단 곁에 두고 11 그 옷을 벗고 다른 옷을 입고 그 재를 진영 바깥 정결한 곳으로 가져갈 것이요 12 제단 위의 불은 항상 피워 꺼지지 않게 할지니 제사장은 아침마다 나무를 그 위에서 태우고 번제물을 그 위에 벌여 놓고 화목제의 기름을 그 위에서 불사를지며 13 불은 끊임이 없이 제단 위에 피워 꺼지지 않게 할지니라 (레 6:8-13).

서는 자기에게 나오는 사람들이 처음부터 하나님께서 정한 방법으로 나올 것을 명확하게 요구하신 것입니다. 그것을 따르지 않고 자기 마음대로 나아가도 하나님이 받아주실 것이라는 생각을 못하게 하려고 이런 두려운 일을 일으키셨습니다. 그러므로 주의해야 합니다. 하나님께 나아가서 하나님과 동행하려는 사람은 하나님께서 명하신 방법을 따라서 나가야 합니다.

여기에 대해서 이런 반론을 하려는 유혹을 받을 수 있습니다. 그건 구약의 이야기가 아닌가? 신약에 와서는 주님께서 십자가에서 죽으셨고, 성소의 휘장이 위에서 아래로 쭉 찢어져서 이제는 누구나 자유롭게 하나님께 나갈 수 있게 되었는데 왜 나답과 아비후의 이야기를 새롭게 해서 우리를 불안하게 하느냐 하고 말하려는 유혹을 받을 수 있습니다. 하지만 그것은 매우 잘못된 유혹입니다. 그렇게 생각하면 안되는 이유는, 이에 버금가는 유사한 사건이 신약에도 있기 때문입니다. 사도행전에서 발생한 아나니아와 삽비라 부부의 이야기가 그것입니다. 만약 이 사건이 없었다면 우리는 나답과 아비후의 일을 율법이 지배하는 구약의 일이지 은혜가 지배하는 신약의 일이 아니라고 착각할 수 있었을 것입니다. 신자의 입에 자주 회자되는 이 사건은 헌금을 내는 것과 관련되었습니다. 아나니아와 삽비라의 사건도 나답과 아비후의 경우처럼 신자의 도덕적인 생활의 일부와 관련된 것이 아니라 하나님과 직접 관련된 일, 곧 하나님께 무엇을 드리는 일과 관련되어 있습니다.

1 아나니아라 하는 사람이 그의 아내 삽비라와 더불어 소유를 팔아 2 그 값에서 얼마를 감추매 그 아내도 알더라 얼마만 가져다가 사도들의 발 앞에 두니 3 베드로가 이르되 아나니아야 어찌하여 사탄이 네 마음에 가득하여 네가 성령을 속이고 땅 값 얼마를 감추었느냐 4 땅이 그대로 있을 때에는 네 땅이 아니며 판 후에도 네 마음대로 할 수가 없더냐 어찌하여 이 일을 네 마음에 두었느냐 사람에게 거짓말한 것이 아니요 하나님께로다 5 아나니아가 이 말을 듣고 엎드러져 혼이 떠나니 이 일을 듣는 사람이 다 크게 두려워하더라 6 젊은 사람들이 일어나 시신을 싸서 메고 나가 장사하니라 7 세 시간쯤 지나 그의 아내가 그 일어난 일을 알지 못하고 들어오니 8 베드로가 이르되 그 땅 판 값이 이것뿐이냐 내게 말하라 하니 이르되 예 이것뿐이라 하더라 9 베드로가 이르되 너희가 어찌 함께 꾀하여 주의 영을 시험하려 하느냐 보라 네 남편을 장사하고 오는 사람들의 발이 문 앞에 이르렀으니 또 너를 메어 내가리라 하니 10 곧 그가 베드로의 발 앞에 엎드러져 혼이 떠나는지라 젊은 사람들이 들어와 죽은 것을 보고 메어다가 그의 남편 곁에 장사하니 11 온 교회와 이 일을 듣는 사람들이 다 크게 두려워하니라 (행 5:1-11)

여기서 발생한 일의 전말은 그리 어렵지 않습니다. 이 일의 어떤 특징은 신자들이 쉽게 빠지는 잘못입니다. 곧 자기의 신앙 혹은 하나님에 대한 헌신을 실제보다 부풀려서 사람들에게서 종교적 칭찬이나 인정을 받아보겠다는 심리의 발동입니다. 그것이 아나니아와 삽비라의 잘못이었습니다. 땅을 팔아서 바칠 때에 그것이 일부이면 그냥 일부만 바친다고 하면 아무 문제가 없었습니다. 그런데 이 사람들은 일부만 바치면서 전부를 바치는 것처럼 해서 사람들을 속였습니다. '저 사람들은 전부를 바치지 않고 일부만 바친 사람입니다' 하는 말을 듣기 싫었던 모양입니다. 그러니까 문제는 그들이 전부가 아닌 일부를 바쳤다는 것 자체가 아니었습니다. 그것이 베드로의 말에 나타납니다. "땅이 그대로 있을 때에는 네 땅이 아니며 판 후에도 네 마음대로 할 수가 없더냐" 즉 그 땅은 그의 땅이고 그가 판 후에도 그 돈을 그가 마음대로 하는 것에 대해서 누구도 뭐라 할 사람이 없다는 뜻입니다. 전부를 바쳐도 좋고 일부를 바쳐도 좋습니다. 그의 마음과 신앙의 정도에 따라서 하면 되는 것이고, 또 그것을 사람들은 그냥 그렇게 인정하면 되는 것입니다. 그런데 아나니아는 속이려 한 것입니다. 누구를 속이려 했느냐 하면 사람들을 속여서 신앙적인 명예를 얻으려 한 것입니다.

하지만 누구를 속였느냐에 대한 베드로의 진단은 달랐습니다. 그것이 사람을 속인 것이 아니라 하나님을 속이려 한 일이 되고만 것입니다. 초대 교회에서 아나니아와 삽비라 정도의 신앙적 행동을 하는 사람이라면 하나님을 속일 수 있다고 생각할 정도로 어리석지는 않았을 것입니다. 만약 하나님을 자기가 속여 먹을 수 있는 정도의 신으로 알았다면 이렇게 자기 땅을 팔아서 상당한 돈을 헌금할 생각까지 못했을 것입니다. 그러므로 아나니아는 그 문제를 그렇게까지 심각하게 생각하지 않았을 수도 있습니다. 그러면 아나니아의 생각이 그 정도이니 하나님께서 그것도 감지덕지다 하고 받으셨을까요? 그렇지 않았습니다. 하나님의 판결은 엄중했습니다. "사람에게 거짓말 한 것이 아니요 하나님께로다" 이것이 판결이었고, 이 판결의 결과는 사형이었습니다. 아나니아는 그 자리에서 즉사했습니다.

이 사실을 알지 못하는 그의 아내 삽비라가 왔습니다. 베드로는 삽비라의 경우에도 사실 확인을 해야 했으므로 삽비라에게 땅 판 값에 대해서 물어 보았더니 삽비라도 같은 거짓말을 했습니다. 땅 판 값 일부를 감추고는 그것이 전부라고 속인 것입니다. 그녀도 자기 남편인 아나니아와 똑 같은 마음을 가지고 있었음이 판명되었습니다. 베드로의 판단은 이러했습니다. "너희가 어찌 함께 꾀하여 주의 영을 시험하려 하느냐 보라 네 남편을 장사하고 오는 사람들의 발이 문 앞에 이르렀으니 또 너를 메어 내가리라" 그녀도 아나니아와 같은 죄를 범했고 역시 사형에 처해졌습니다. 이 일은 베드로가 자신의 권위로 한 것이 아니었습니다. 만약 베드로가 스스로 한 일이었다면 이 말 한 마디에 사람이 죽어나가는 일은 없었을 것입니다. 성신께서 베드로를 통해서 아나니아와 삽비라의 죄질을 밝히고 그에 해당한 하나님의 형벌을 내리신 것입니다.

이 일은 구약에서 발생한 일이 아니라 신약의 교회에서 발생한 일입니다. 주님께서 십자가에 죽으심으로 성전의 휘장이 찢어져서 모든 사람이 자유롭게 하나님의 은혜의 보좌 앞에 나갈 수 있는 시대에 발생한 일입니다. 그러나 여기서 '자유롭게' 하나님께 나아간다는 말의 뜻을 주의해야 합니다. 그 말은 구약의 제사 제도가 폐해지고 이제 그리스도를 통해서 외적인 제약이 없이 오직 성신을 의지하여 영적으로 하나님께 나아가게 된다는 뜻입니다. 이 말이 사람이 자기 마음대로 해도 된다는 말이 아님이 아나니아와 삽비라의 경우를 통해서 분명히 드러납니다. 그러므로 나답과 아비후에게서 배울 수 있는 중요한 교훈, 곧 사람이 하나님께 나아갈 때는 하나님께서 정하신 길을 따라서 나가야 하지, 자기가 정한 방법으로 마음대로 나가면 하나님 앞에 큰 죄가 된다는 교훈을 배울 수 있습니다.

그러므로 우리는 다시 한번 "누구든지 나를 따라오려거든 자기를 부인하고 자기 십자가를 지고 나를 따를 것이니라"는 말씀을 주의하게 됩니다. 주님의 이 분명한 말씀 앞에서, 만약 이것이 사람이 주님을 따르기 위한 조건이라면 이 조건을 만족시켜야 주님을 따를 수 있다고 생각해야 합니다. 이것을 만족시키지 않고도 주님을 따를 수 있다는 생각은 사람의 생각이지 하나님의 생각이 아닙니다. 하나님의 생각이 아닌 것을 가리켜서 하나님의 뜻이 아니라고 합니다. 사람이 하나님의 뜻을 따르지 아니하면 그에게서 하나님의 뜻이 이루어지지 않습니다. 자기를 부인하지 않고 자기 십자가를 지지도 않으며 주님을 따를 수 있다고 생각하는 사람은 자기가 만들어 놓은 그리스도를 따르는 것이지 진짜 그리스도를 따르는 것이 아닙니다. 결과적으로 그는 거짓 그리스도를 따르는 것입니다. 그러므로 이 조건의 뜻을 잘 아는 것이 필요할 것입니다.

11
자기 부인의 가르침의 배경

34 무리와 제자들을 불러 이르시되 누구든지 나를 따라오려거든 자기를 부인하고 자기 십자가를 지고 나를 따를 것이니라 35 누구든지 자기 목숨을 구원하고자 하면 잃을 것이요 누구든지 나와 복음을 위하여 자기 목숨을 잃으면 구원하리라 36 사람이 만일 온 천하를 얻고도 자기 목숨을 잃으면 무엇이 유익하리요 37 사람이 무엇을 주고 자기 목숨과 바꾸겠느냐 38 누구든지 이 음란하고 죄 많은 세대에서 나와 내 말을 부끄러워하면 인자도 아버지의 영광으로 거룩한 천사들과 함께 올 때에 그 사람을 부끄러워하리라 (막 8:34-38)

사람이 하나님께 나가려면 하나님께서 정하신 방법으로 나가야만 합니다. 구약에서 나답과 아비후의 예, 신약에서 아나니아와 삽비라의 예가 이 진리를 명료하게 가르칩니다. 사람의 최후의 목적은 하나님께 순종하는 것입니다. 이 순종의 결과는 하나님께서 영광을 받으시는 것이고 순종한 그 사람은 하나님의 영광에 참여하여 역시 영광을 얻는 것입니다. 신자의 목적은 하나님의 영광에 이르는 것입니다. 로마서 3:23은 "모든 사람이 죄를 범하였으매 하나님의 영광에 이르지 못하더니"라고 말합니다. 극히 압축된 이 한 문장은 사람의 최후의 목적지가 어디며, 왜 사람이 지금 거기에 도달하지 못하는지를 가르칩니다. 하나님께서 사람을 지으신 궁극의 목적은 사람으로 하여금 하나님의 영광에 참여하게 하는 것입니다. 이런 목적을 이루려면 사람이 하나님께 나아갈 때부터 하나님께서 정하신 방법을 따라야 합니다.

이 진리를 상기하면서, 예수 그리스도께서 "누구든지 나를 따라오려거든 자기를 부인하고 자기 십자가를 지고 나를 따를 것이니라"고 말씀하신 사실의 무게를 생각해 보십시다. 예수께서 사람의 몸을 입고 지상에 계실 때에, 당시 이스라엘 사람이 하나님께 나아가려면 어떻게 해야겠습니까? 예수님을 따르는 것이었습니다. 예수님이 곧 성육신 하신 하나님이었기 때문입니다. 그러므로 예수님을 따르기 위해서 만족시켜야 하는 조건이 결국 하나님께 나아가기 위한 조건과 같습니다. 그런데 그 조건이 "자기를 부인하고 자기 십자가를 지고" 따르는 것입니다. 그러므로 우리는 처음부터 이 조건을 만족시키지 않으면 하나님께 나아가지 못한다는 것을 명확히 하고 출발할 필요가 있습니다. 이것은 너무나 분명한 사실입니다. 모든 위대한 신앙의 선배들이 증언하듯이 하나님을 따르는 생활이란 지속적으로 자기를 부인하면서 지속적으로 십자가를 지는 것입니다. 그런 길에 들어서겠다는 사람이 자기를 부인하지 않고 자기 십자가를 지지 않는다면 그는 그 길에 들어서지 않은 것입니다. 그러므로 하나님께 나아가는 사람은 하나님께서 정하신 방법을 따라야 합니다.

자기를 부인하고 자기 십자가를 지고 나서야 예수님을 따를 수 있다는 교훈은 공관복음에 모두 등장하는 극적인 사건과 연결되어서 나타납니다. 가이사랴 빌립보 지방에서 벌어진 일이 그 사건입니다. 이 일이 마태복음 16:13-28; 마가복음 8:27-38; 누가복음 9:18-27에 기록되어 있습니다. 각 복음서 저자들이 각자의 관심사에 따라 동일한 사건을 조금씩 다르게 기록하여서 설명에 약간씩 차이가 있으나, 성신님께서 이렇게 세 사람으로 하여금 동일한 사건을 다른 각도로 기록하게 하심으로 전체의 거룩한 교훈을 더욱 풍부하게 밝혀주십니다.

이 일은 처음에 예수님과 제자들의 문답으로 시작되었다가, 그것이 계기가 되어 예수님과 베드로의 큰 충돌로 발전합니다. 이 충돌이 계기가 되어 예수님께서 이 자기 부인의 교훈을 베푸셨습니다. 사건의 성격이 어떠하든지, 그것을 하나님께서 쓰시면 얼마든지 거룩한 진리의 도구가 되는 좋은 예입니다. 이 교훈의 대상은 무리와 제자들이었습니다. 마태는 예수께서 이 말씀을 제자들에게 하셨다고 하였고(마 16:24), 마가는 무리와 제자들을 불러 말씀하셨다고 했으며(막 8:34), 누가는 무리에게 말씀했다고 했습니다(눅 9:23). 그러므로 대상에는 제자들과 무리가 모두 포함되어 있었습니다. 그렇다면 주님의 이 요구는 모든 신자에게 적용된다는 것을 알 수 있습니다.

예수님께서 공생애를 통해서 제자들에게 가르쳐 깨닫게 하신 핵심적인 진리가 있는데 그것을 위해서 예수님께서는 제자들을 한 걸음 한 걸음 인도하셨습니다. 그 진리란 바로 예수 그리스도께서 사람의 몸을 입고 세상에 오신 하나님이라는 사실입니다. 즉 지상에 존재했던 예수 그리스도라는 한 인물이 단순한 사람이 아니라 신성한 사람, 곧 하나님이시면서 사람이라는 사실이었습니다. 하나님의 아들이라는 말을 제대로 사용하려면 그런 뜻으로 사용해야 합니다. 예수님께서 자신의 신성을 사람들에게 깨닫게 하시려고 사용하신 방법은 오직 하나님만이 하실 수 있는 능력 있는 일을 하시고, 오직 하나님만이 주장하시는 특권을 친히 자신의 것으로 주장하신 것입니다. 죽은 사람을 살리심으로 자신이 삶과 죽음의 주권자임을 보여주신 사실, 풍랑이는 바다를 잠잠케 하여 자신이 자연을 통치하는 존재임을 보여주신 사실, 사람에게 사죄를 선언하심으로 자신이 사람의 죄를 용서하는 특권을 가진 존재임을 보여주신 사실이 그 실례입니다. 이런 사실이 자꾸 축적되면 사람은 처음에 예수님에 대해서 놀라다가 다음에는 두려워하고 나중에는 하나님으로 알고 경배하게 됩니다. 이렇게 되어야 합니다. 그렇게 하는 것이 구원이요 바른 길이기 때문입니다.

가이사랴 빌립보 지방을 다니시다가 하루는 예수님께서 이제 제자들에게 그 진리를 더욱 선명하게 가르칠 때가 되었다고 생각하셨습니다. 한편으로는 제자들이 예수님의 신성한 능력과 교훈을 충분히 경험해서 이제 중요한 진리를 받을 수 있는 준비가 되었고, 다른 한편으로는 십자가를 위해서 제자들을 준비시켜야 했기 때문입니다. 그래서 주님께서는 먼저 제자들에게 사람들이 주님을 누구라고 하는지를 물으셨습니다. 물론 이것은 주님께서 몰라서 물으시는 것이 아니었습니다. 세상 사람들이 주님에 대해서 가지는 생각과 제자들이 주님에 대해서 가지는 생각을 명확하게 구분하기 위함이었습니다. 그래서 제자들은 먼저 사람들이 예수님에 대해서 가지고 있는 생각들을 말씀 드렸습니다. 사람들은 예수님을 가리켜서 죽었던 세례 요한이 다시 살아난 것이라고도 했고, 혹은 엘리야라고도 했으며, 혹은 선지자 중의 하나라고도 했습니다. 그것이 사람들 사이에 퍼진 예수님에 대한 의견이었습니다.

이것을 들으신 후에 예수님께서는 제자들에게 "너희는 나를 누구라 하느냐" 하고 물으셨습니다. 아마 제자들은 잠시 의견을 정리했을 것입니다. 그러나 제자들은 이미 예수님에 대한 일정한 인식에 도달해 있었습니다. 그것을 베드로가 대표로 나서서 '주는 그리스도시요 살아 계신 하나님의 아들이십니다'라는 말로 요약해서 대답했습니다. 그리스도라는 말은 '기름 부음을 받은 사람'이라는 뜻의 히브리어 '메시아'를 헬라어로 번역한 말입니다. 예수님에 대한 이 호칭은 예수님의 직책 곧 예수님께서 하시는 일과 연결되어 있습니다. 예수님께서는 하나님께서 보내시는 메시아 곧 이스라엘의 왕이요 선지자요 제사장으로 그 백성을 구원하실 분이라는 뜻입니다.

다음으로 하나님의 아들이라는 말은 예수님께서 하나님과 맺고 계시는 독특한 관계를 이르는 말입니다. 예수님은 아버지이신 하나님과 양자가 아닌 친자의 관계를 맺고 계십니다. 이 말은 예수님이 하나님으로 분류된다는 뜻입니다. 신자를 가리켜서 하나님의 아들이라고 할 때에는 입양된 아들, 곧 양자라는 뜻입니다. 즉 그는 영원히 사람이라는 범주에 속합니다. 그러므로 신이신 하나님에게는 입양될 수밖에 없습니다. 유가 다른 것입니다. 그런데 예수님을 향해서 하나님의 아들이라고 할 때에는 예수님이 사람의 범주만이 아닌 하나님의 범주에 속한다는 뜻입니다. 양 아들이 아니라 친 아들이기 때문입니다.

베드로를 포함한 제자들이 예수님에 대해서 그런 인식에 도달한 것입니다. 그런데 예수님에 대한 이런 인식은 단순히 사람의 지적인 능력이나 관찰만을 통해서는 도달할 수 없는 종류의 인식입니다. 예수님이 하나님의 아들이라는 말은 예수님이 신성을 가지셨다는 뜻인데, 유대인이 사람을 보고 신성을 가졌다는 생각을 절대로 할 수 없었습니다. 물론 로마 시대에는 황제를 신격화시키기도 했지만, 바보가 아닌 바에는 진심으로 로마 황제를 신이라고 생각하지는 않았을 것입니다. 이와 같이 예수님을 신성을 가지신 분으로 생각하게 되는 것은 아주 기이한 일입니다. 그래서 예수님께서는 베드로의 그 지식이 하나님께서 넣어주신 것이라고 말씀하셨습니다.[55] 즉 예수님의 아버지이신 천지의 대주재 하나님께서 베드로에게 아들의 정체를 알려 주셨다는 뜻입니다. 이렇게 되지 않고는 아무도 예수님이 누구신지 확실히 아는 지식에 도달하지 못합니다.

---

55) 이를 네게 알게 한 이는 혈육이 아니요 하늘에 계신 내 아버지시니라 (마 16:17하).

아들에 대한 이 정당한 지식이 앞으로 교회의 초석이 될 것입니다. "주는 그리스도시요 살아계신 하나님의 아들이시니이다"라는 대답을 우리는 대개 신앙고백이라고 부릅니다. 물론 그것은 신앙고백입니다. 그러나 신앙고백이기 이전에 그 대답은 예수님에 대한 제자들의 지식이었습니다. 지식이란 옳든지 그르든지 하는 것입니다. 그것은 객관적인 현실이 있고 그 현실에 대한 사람의 인식 작용이 수반되는 것입니다. 그 지식이 바르면 진리이고 틀리면 비진리입니다. 그런데 예수님은 실제로 메시아이고 하나님의 아들입니다. 그것이 그렇다는 것을 바로 안다면 그는 진리를 아는 것입니다. 그렇다는 것을 알지 못하면 무지한 것이고, 그것을 아니라고 생각하는 사람은 그의 지식이 잘못된 것입니다. 그러므로 교회의 기초는 사람이 이렇게도 고백할 수 있고 저렇게도 고백할 수 있는 주관적인 관념이 아닙니다. 도리어, 사람의 몸을 입고 지상에 존재했던 나사렛 사람 예수가 그리스도이면서 신성을 가진 하나님의 아들이라는 객관적 사실과 그 사실에 대한 정당한 인식이 교회의 초석입니다.

이 대화는 제자들이 하나님의 계시를 받아서 그리스도에 대한 초자연적인 지식에 도달했다는 증거였습니다. 그래서 이제 예수님께서는 제자들에게 십자가를 가르치실 때가 되었다고 생각하시고 비로소 십자가의 죽음을 가르치셨습니다. [56] 그런데 거기에 제자들이 넘어야 하

---

56) 21 이 때로부터 예수 그리스도께서 자기가 예루살렘에 올라가 장로들과 대제사장들과 서기관들에게 많은 고난을 받고 죽임을 당하고 제삼일에 살아나야 할 것을 제자들에게 비로소 나타내시니 (마 16:21).

는 큰 장애물이 하나 있었습니다. 바로 하나님의 아들 그리스도가 십자가에 달려 죽어야 한다는 사실입니다. 메시아가 죽는다는 것은 이상한 일이 아니었습니다. 유대인의 사상에서 메시아는 죽을 수 있는 사람이었기 때문입니다. 실제로 예수님과 동시대인 쿰란 종파의 문서에는 메시아가 여러 명 나타나는데, 거기에서는 메시아가 죽기도 합니다. 문제는 하나님의 아들이 십자가에 달려 죽어야 한다는 사실이었습니다.

특별히 유대인인 그들에게는 이 생각 자체가 언어도단이요 어불성설이었습니다. 교회 역사가 이천 년이 되는 오늘날, 하나님의 아들 그리스도가 십자가에 달려 죽으셨다는 것은 너무나 당연한 일이 되어 기독교 신자들은 그 말을 듣고 별로 충격을 받지 않습니다. 하지만 곰곰 생각해 보면 그것은 참으로 기이한 일입니다. 사실 그 안에는 사람이 다 들여다 볼 수 없는 신비가 있습니다. 하물며 아직 예수님께서 십자가에 달리시기 전에 하나님의 아들 메시아가 십자가에 달려 죽는다는 것은, 특별히 유대인인 제자들에게는 말이 안되는 일이었습니다. 하지만 구원을 위한 가장 중요한 진리를 깨달으려면 그 죽음의 의미를 이해해야 했습니다. 그런데 제자들이 예수님을 하나님의 아들 메시아로 아는 데까지는 도달했으나 그 메시아가 십자가에 달려 죽어야 한다는 진리에까지는 아직 도달하지 못했습니다. 당시 제자들의 상태를 보면 앞으로도 꽤 긴 시간이 필요했음을 알 수 있습니다. 그것은 아직 제자들이 받지 못한 놀라운 계시였습니다. 물론 구약에는 마치 휘장에 가려진 것처럼 희미하게 그 죽음이 예언되었으나 그 실제와 현실은 상상하는 것 이상으로 충격적이고 기이한 일이었습니다.

제자들은 모두 이 장애물에 턱 걸렸는데, 역시 이번에도 베드로가 앞으로 나섰습니다. 나서다가 그만 그 장애물에 걸려 굉장한 소리를 내면서 콰당 하고 넘어진 것입니다. 베드로가 걸려 넘어진 모습이 한 문장으로 그려졌습니다.[57] 이 문장만을 보아서는 베드로의 말이 그리 크게 문제될 것 같지 않습니다. 마치 스승을 사랑하고 존경하는 제자가 스승이 죽음을 예고하자, 슬픈 마음으로 스승을 붙들고 '스승님 어떻게 그런 일이 스승님에게 일어날 수 있습니까? 저희가 나서서라도 그런 일은 절대로 없게 하겠습니다'라고 말하는 것 같습니다. 그러나 이 말에 대한 예수님의 반응을 보면 그게 그렇게 간단하지 않음을 짐작할 수 있습니다.

여기 그려진 베드로의 행동을 좀 살펴보겠습니다. "베드로가 예수를 붙들고"라는 문장에서 붙든다는 말은 그저 옷자락을 부여잡는다는 뜻이 아니라 예수님의 팔이든지 옷이든지 어디를 붙들든지 해서 잠깐 이끌고 조금 떨어진 곳으로 갔다는 뜻입니다. 거기서 베드로가 한 행동은, '주님 잠깐 저 좀 보십시다' 하면서 예수님을 이끌고 약간 떨어진 곳으로 간 것입니다. 무슨 은밀한 이야기를 하든지, 좌우간 다른 사람들이 들으면 안될 이야기를 하겠다는 뜻입니다. 그렇게 하고

---

57) 22 베드로가 예수를 붙들고 항변하여 이르되 주여 그리 마옵소서 이 일이 결코 주께 미치지 아니하리이다 (마 16:22).

서 베드로가 어떤 행동을 했느냐 하면, 성경에는 '항변했다'고 되어 있는데, 원래 의미는 '꾸짖는다'는 뜻입니다. 마가복음 8:33에 보면, "예수께서 돌이키사 제자들을 보시며 베드로를 꾸짖어 이르시되"라고 되어 있습니다. 여기 꾸짖는다는 단어와 마태복음 16:22에서 베드로가 '항변했다'는 단어가 원래 같은 단어입니다.

그러니까 이 장면을 요약하면 이렇게 됩니다. 베드로가 예수님에 대한 바른 지식을 이야기하자, 예수님께서 그 지식의 출처를 밝혀주시고, 앞으로 교회는 그리스도에 대한 그 바른 지식 위에 설 것이라고 가르치셨습니다. 이런 중요한 진리를 주고 받은 후에 이제 주님은 제자들이 앞으로 넘어야 하는 장애물이 될 만한 내용, 곧 십자가를 말씀하셨습니다. 그러자 베드로가 주님을 붙들고 잠깐 떨어진 곳으로 가서 주님을 꾸짖은 것입니다. 그러면서 십자가의 죽음 같은 일은 절대로 있어서 안되니, 다시는 그런 말을 입밖에 내지도 말라고 했을 것입니다. 이것이 인간의 신비스러움입니다. 바로 조금 전에는 예수님을 가리켜서 주는 그리스도시요 하나님의 아들이시라는 신성한 계시의 사실을 말하다가, 조금 후에는 바로 그 예수님을 꾸짖으면서 어떻게 그런 일이 있을 수 있느냐고 따질 수 있는 것이 사람입니다. 물론 베드로는 아직 십자가 이전에 있었음을 우리는 유념해야 합니다. 십자가와 부활, 오순절 성신 강림 이후의 베드로는 훨씬 성숙한 사람이 되었습니다. 그럴지라도 이 장면에서는 예수님과 베드로가 서로 꾸짖는 지경까지 간 것입니다. 아주 큰 충돌이 거기에 발생한 것입니다. 거기서 하나님의 일과 사람의 일이 크게 부딪힌 것이지요.

이제 예수님께서 베드로를 꾸짖으셨습니다. 마가의 기록에 의하면 주님께서 제자들을 보시면서 베드로를 꾸짖으셨다고 되어 있습니다. 즉 주님은 베드로의 행동을 베드로 개인의 것으로만 보신 것이 아니라 제자 모두의 행동으로 보신 것입니다. 성미 급한 베드로는 즉시 행동을 취하면서 마음 속의 말을 입 밖으로 톡 냈다 뿐이지 다른 제자들도 실은 같은 생각이었던 것입니다.

주님의 말씀은 준엄했습니다. "사탄아 내 뒤로 물러가라 너는 나를 넘어지게 하는 자로다"(마 16:23중). 그 순간 베드로는 사탄에게 사로잡힌 사탄의 하수인이 되어 있었던 것입니다. 사탄은 예수님께서 탄생하실 때에는 예수님을 죽이려고 헤롯 왕을 하수인으로 삼아서 죄 없는 영아들을 무참히 살해했습니다. 예수님께서 공생애를 시작하실 때에는 직접 나타나 광야에서 시험했습니다. 그 후에는 유대 지도자들을 하수인으로 삼아 결국 예수님을 죽였습니다. 그런데 지금 이 순간에는 사탄이 베드로를 하수인으로 삼아 예수님을 넘어뜨리려 하고 있습니다. 그만큼 이 장면에서 베드로의 말과 행동은 끔찍한 것이었습니다. 거기서 지옥불이 활활 타올라 하나님의 아들이라도 삼키려 하고 있는 것이 보입니다.

그런데 우리에게 궁금한 것이 있습니다. 왜 베드로가 사탄의 하수인이 되어, 조금 전에 자기가 하나님의 아들 메시아라고 고백한 그 예수님을 꾸짖는 지경까지 간 것일까 하는 것입니다. 그 해답은 주님의 말씀 속에 있습니다. "네가 하나님의 일을 생각하지 아니하고 도리어 사람의 일을 생각하는도다"(마 16:23하). 이것이 문제였습니다. 그리고 이것이 언제나 신자에게서 문제입니다.

물론 여기서 베드로가 생각한 사람의 일이 어떤 일이냐 하는 문제가 여전히 남아 있습니다. 그것은 다음에 보더라도 여기서 배울 중요한 교훈은, 사람은 베드로처럼 예수님을 따르면서도 하나님의 일을 생각하지 않고 사람의 일을 생각할 수 있다는 것입니다. 즉 몸은 예수님을 따르지만 마음은 사람을 따를 수 있습니다. 아무리 몸이 예수님을 따라간다 하더라도 마음이 사람을 따라간다면 그는 예수님을 따르는 것이 아닙니다. 어떤 사람들은 만약 사람의 목표가 복음을 전하고 교회를 세워서 하나님께 영광을 돌리는 것이라면 사람의 생각이 아니라 하나님의 생각이라고 주장할 수 있습니다. 하지만 여기 베드로의 경우에서 보는 것처럼 그것이 그리 간단하지 않습니다. 복음 전파나 영혼의 구원이나 하나님의 영광을 추구한다고 말하면서 뭘 하는데도 불구하고, 그것이 전혀 하나님의 생각이 아닌 사람의 생각일 수 있다는 실례를 교회사에서, 또 우리의 현실에서, 그리고 우리 자신에게서 무수히 발견합니다. 그래서 자기 부인이 그렇게도 중요한 교훈이 되는 것입니다. 사람은 자기를 부인하지 않는 한, 아무리 주님을 따른다고 해도 실은 자기를 따를 수 밖에 없습니다.

12
베드로가 생각한 사람의 일

23 예수께서 돌이키시며 베드로에게 이르시되 사탄아 내 뒤로 물러가라 너는 나를 넘어지게 하는 자로다 네가 하나님의 일을 생각하지 아니하고 도리어 사람의 일을 생각하는도다 하시고 24 이에 예수께서 제자들에게 이르시되 누구든지 나를 따라오려거든 자기를 부인하고 자기 십자가를 지고 나를 따를 것이니라 (마 16:23-24)

하나님은 왕이십니다. 왕이시므로 법으로 친히 통치하십니다. 따라서 이 왕의 통치를 받으려면 그의 법을 배워서 알고 따라야 합니다. 왕이 내린 법을 지키지 않는다면, 그것은 왕에게 불순종하는 것이며, 왕의 통치를 받지 않겠다는 의사의 표시일 뿐입니다. 그러므로 왕이신 하나님께 나아갈 때부터 하나님의 법을 배워서, 그 법에 따라서 나아가야 합니다. 그렇게 하지 않고 사람이 자기 마음대로 나아가겠다면, 이것은 처음부터 왕의 명령을 무시하겠다는 태도에 다름 아닙니다. 그런 까닭에, "누구든지 나를 따라오려거든 자기를 부인하고 자기 십자가를 지고 나를 따를 것이니라"는 예수님의 말씀의 뜻을 이해하고 순종해야 합니다. 그렇게 하지 않으면 예수님을 따를 수 없습니다.

그래서 주님을 따르고자 하는 우리는 자기 부인과 자기 십자가를 지는 것에 대해서 생각하고 있는데, 이 교훈의 배경이 가이사랴 빌립보에서 발생한 일임을 보았습니다. 아마 신약 성경의 기록 중에서 가장 극적인 사건이 거기에 발생했다고 해도 과언이 아닐 것입니다. 주 예수님께서는 잠깐 사이에 가장 큰 복의 선언과 가장 큰 저주의 선언을 함께 하셨고 베드로를 대변인으로 한 제자들도 천국과 지옥을 오가는 경험을 했습니다. 그 와중에 주님을 따르려는 사람은 자기를 부인하고 자기 십자가를 져야 한다는 교훈이 등장합니다.

여기서 베드로의 문제는 하나님의 일을 생각하지 않고 사람의 일을 생각한다는 것이었습니다. 주님께서 그렇게 말씀하셨으므로 그것이 베드로의 문제라는 것을 알 수 있습니다. 베드로는 주님을 따라가노라고 하면서도 그 순간에 하나님의 일을 생각하지 않고 사람의 일을 생각한 것입니다. 앞에서 이런 일이 왕왕 있을 수 있다는 것을 보았습니다. 이 문제는 기독교 교회의 항구적인 문제였습니다. 초대 교회의 사도 바울도 이 문제를 예리하게 느끼고 있었습니다. 그 한 예가 빌립보서에 기록되어 있습니다.[58]

사도 바울은 감옥에서 빌립보 교회에게 이 서신을 썼습니다. 이 서

---

[58] 19 내가 디모데를 속히 너희에게 보내기를 주 안에서 바람은 너희의 사정을 앎으로 안위를 받으려 함이니 20 이는 뜻을 같이하여 너희 사정을 진실히 생각할 자가 이밖에 내게 없음이라 21 그들이 다 자기 일을 구하고 그리스도 예수의 일을 구하지 아니하되 22 디모데의 연단을 너희가 아나니 자식이 아버지에게 함같이 나와 함께 복음을 위하여 수고하였느니라 (빌 2:19-22).

신을 쓸 때에 사도 바울 주변에는 많은 사람들이 복음 사역자들이라고 하면서 왔다 갔다 했습니다. 그런데 빌립보 교회에 누구를 보내면 좋을까 하고 살펴보니 디모데 이외에는 적당한 사람이 없었습니다. 오직 디모데만이 빌립보 교회에 가면 그 교회의 일을 자기 일처럼 진실히 돌아볼 것으로 판단되었습니다. 다른 사람들은 "그들이 다 자기 일을 구하고 그리스도 예수의 일을 구하지 않는다"고 했습니다. 그들이 복음 사역자들이라고 하면서 왔다 갔다 했지만 마음 속으로 정말로 관심을 가진 것은 그리스도 예수의 일이 아니라 자기 자신의 일이었다는 것입니다. 최후의 관건이 자기의 이익이었지 하나님의 뜻과 그 영광이 아니었다는 뜻입니다. 그 당시에도 이런 일이 있었으나, 이것은 교회에 언제나 있는 일입니다.

하지만 이런 반론도 가능합니다. 과연 하나님의 일과 사람의 일을 그렇게 예리하게 나눌 수 있을까요? 이것이 일리가 있는 반론으로 보입니다. 현 역사에서 중심적인 하나님의 일은 지상에 하나님의 나라가 서는 것입니다. 하나님의 나라가 가까웠으니 회개하고 그 나라에 들어오라는 것이 예수님께서 선포하신 복음이었습니다. 그 나라는 하나님께서 세우시는 나라이고, 사람은 그 나라에 들어갑니다. 그것이 구원입니다. 즉 하나님의 나라가 서면 사람은 그 결과 구원을 받고 그 나라에 들어가 하나님의 통치를 실현하는 것입니다. 그런 의미에서 하나님의 일과 사람의 일은 연결됩니다. 하나님의 일은 천상에 하나님의 나라를 세우는 것이 아니라 지상에 세우는 것입니다. 그것이 하나님의 나라이지만 그 나라에 들어가는 사람들은 죄인인 사람들이고, 그것이 하나님의 일이지만 그것이 최후에는 사람들의 활동에 의해서 이뤄져 나갑니다. 그런 까닭에 하나님의 일과 사람의 일을 구분할 수 있느냐 하는 의문이 들 수 있습니다. 그렇다면 여기서 주님께서는 어떤 의미에서 하나님의 일과 사람의 일을 구분하셨을까요?

이 질문에 대한 답을 찾으려면 베드로가 생각한 사람의 일이 어떤 것이었는지를 살펴볼 필요가 있습니다. 주님께서는 베드로에게 사람의 일을 생각한다고 지적은 하셨으나 그 사람의 일이 무엇인지를 말씀하지 않으셨으므로 본문에서 그것을 추론하게 됩니다. 가장 먼저 인지상정(人之常情)을 생각할 수 있습니다. 사랑하고 존경하는 스승이 갑자기 자기가 십자가에 달려 죽어야 한다고 선언하셨을 때, 그 말을 듣고 '당연한 일입니다, 용감하게 십자가로 가서 달려 죽으십시오' 하고 말할 제자는 없을 것입니다. 소크라테스가 억울하게 독약을 받아야 했을 때 모든 사람이 나서서 그것을 말린 것은 유명한 이야기입니다. 게다가 십자가라는 것이 오늘날로 치면, 교수형이나 전기의자에 앉는다는 것보다 더 악한 형벌에 해당되었습니다. 그러니까 제자들은 충격이 컸을 것이고 '어떻게 그런 일이 있을 수 있습니까?' 하는 반응을 보이는 것은 자연스럽습니다. 베드로를 포함한 제자들도 예수님의 그 선언을 들었을 때에 마음 한 구석에는 그런 심정이 일어났을 것입니다. 그러나 11강에서 보았지만 베드로의 반응은 그렇게만 생각할 수 없는 훨씬 심각하고 어두운 어떤 요소를 감추고 있었습니다.

다음으로는 베드로가 생각한 사람의 일이 이스라엘 국가의 미래에 대한 걱정이었다고 추측할 수 있습니다. 이렇게 추측할 수 있는 근거는 제자들이 예수님을 메시아로 알고 있었다는 사실입니다. 당시 이스라엘 사회에는 메시아에 대한 기대가 팽배해 있었습니다. 자신을 메시아라고 주장하는 사람들이 여기저기서 일어났고, 그 때마다 백성들은 우우 하면서 그를 따라갔습니다. 예수님께서 오병이어의 기적을 베푸셨을 때 사람들은 예수님을 잡아서 억지로 왕을 삼으려 했습니다. 요한은 이 말을 한 마디 언급하고 지나가지만 그것은 간단한 말이 아니었습니다. 당시 이스라엘이 로마의 속국이었던 것을 생각하면 예수님을 왕으로 삼는다는 말은 이스라엘 군중을 규합하여 로마에 대항하겠다는 이야기입니다. 그런데 당시에 사람들은 오병이어의 기적을 보고 그런 시도를 한 것입니다. 그렇다면 이것은 한두 사람의 생각이 아니라 그 배후에 어떤 일관된 계획이 있었음을 알 수 있습니다. 즉 예수님을 메시아로 알고 따라 다니던 일군의 사람들이 기회를 보고 있었던 것입니다. 그러다가 오병이어의 기적을 보고서는 이 인물이 정말로 메시아다 하는 결정적 확신에 도달한 것입니다. 그리고는 예수님을 왕으로 추대하려 한 것입니다. 이것이 당시 이스라엘 사회의 분위기였습니다.

실제로 이스라엘이 결정적으로 망한 것이 바로 이 메시아에 대한 기대의 결과였다는 것은 역사의 아이러니입니다. 주후 132년에 이스라엘 장군 중에 시몬 바르 코크바라는 사람이 있었는데, 많은 유대인들이 그를 메시아로 간주하고 그를 따라서 로마에 대항했습니다. 그 결과 전쟁이 일어났고, 거기서 패배한 이스라엘은 나라가 완전히 없어지는 민족이 되었던 것입니다. 이와 같이 당시 이스라엘에는 메시아에 대한 기대가 고조되어 있었습니다. 그런데 그들이 생각하는 메시아는 이스라엘의 민족적 구원자였습니다. 이스라엘이 지상에 존재하는 하나님의 나라였으므로 그 나라를 구원할 메시아도 보통 인물이 아니었습니다. 그는 하나님의 보내심을 받아서 큰 능력으로 이스라엘 나라를 이방인 로마의 압제에서 해방시켜, 정치적으로 자유롭고, 경제적으로 풍요하며, 도덕적으로 고도한 나라를 만들 것이었습니다. 이것이 이스라엘 백성이 생각하던 메시아의 사명이었습니다. 따라서 예수님의 제자들도 예수님을 메시아로 알고 따를 때에는 그런 생각을 하지 않을 수 없었을 것입니다. 앞으로 보겠지만 제자들이 그런 기대를 가지고 있었다는 증거가 여기저기 나타납니다. 그런데 갑자기 예수님께서 자신이 예루살렘에 올라가서 죽으리라고 말씀하신 것입니다. 제자들이 생각하는 스케줄에는 전혀 없던 이야기였습니다. 메시아는 이스라엘 나라를 해방시켜야 하므로 설사 죽을 때 죽더라도 최소한 이스라엘의 해방을 위한 전쟁은 하고 죽어야 합니다. 그런데 그런 아무런 암시도 없이 예루살렘에 올라가 죽을 것이라고 하시므로, 제자들은 당연히 마음 속에, 그럼 이스라엘 나라의 구원은 어떻게 되는건가 하는 의문이 떠올랐을 것입니다. 그러므로 그들의 마음 속에서는 즉시 예수님이 죽으시면 안된다는 생각이 자연스럽게 떠올랐을 것입니다. 즉 메시아이신 예수님은 그냥 죽어서는 안되는 인물입니다. 그는 죽지 않고 이스라엘 나라를 구원해야 한다는 것입니다. 그것이 예수님을 꾸짖은 베드로의 마음 속에 있었음이 분명한 생각입니다.

그런데 이런 메시아의 기대에 함께 따라온 은밀한 욕망이 제자들 마음 속에 있었습니다. 그것은 메시아인 예수님께서 이스라엘 나라를 로마의 압제에서 구원한 다음에 있을 자기들의 미래와 관련된 문제였습니다. 제자들은 예수님께서 십자가로 가시던 마지막 순간까지 그 전통적인 메시아 상을 버리지 못했고, 예수님께서 이스라엘을 구원해서 지상에 위대한 나라를 세울 것이라고 예상했습니다. 그래서 그들은 비상한 각오를 했습니다. 예수님께서 유대인의 박해를 피해 계시다가 다시 유대로 가자고 하셨을 때 도마는 다른 제자들에게 "우리도 주와 함께 죽으러 가자"고 말했습니다.[59] 예수님께서 잡히시던 마지막 순간에 베드로는 검을 휘둘렀습니다.[60] 바야흐로 이제 메시아의 전쟁이 시작되었다는 생각에서 한 행동이었을 것입니다. 그런데 묘하게도 유대인 종교 지도자들도 이와 비슷한 생각을 했습니다. 그들도 예수님의 활동이 로마에 대항하는 것이며, 결국 이스라엘을 위험하게 만들 것이라고 생각했습니다. 그래서 예수님을 죽이는 것이 이스라엘 민족의 평안을 유지하는 길이라고 생각했던 것입니다.[61]

---

59) 16 디두모라고도 하는 도마가 다른 제자들에게 말하되 우리도 주와 함께 죽으러 가자 하니라 (요 11:16).
60) 10 이에 시몬 베드로가 칼을 가졌는데 그것을 빼어 대제사장의 종을 쳐서 오른편 귀를 베어버리니 그 종의 이름은 말고라 (요 18:10).
61) 14 가야바는 유대인들에게 한 사람이 백성을 위하여 죽는 것이 유익하다고 권

그런데 만약 이렇게 메시아가 와서 지상에 이스라엘 민족으로 이루어진 국가를 세운다면, 그 나라가 선 후에 어떤 일이 뒤따르겠습니까? 누군가가 메시아를 왕으로 보필하고 좌우에 대신이 되어 권력을 쥐고 나라를 다스려야 할 것입니다. 과연 누가 그 일을 하겠는가 할 때 당연히 지금 메시아를 따라 다니면서 동고동락을 한 제자들이 그 일을 해야 할 것입니다. 그것은 자연스러운 추론입니다. 그래서 예수님을 따라다닌 제자들의 마음 속에는 메시아의 나라가 선 후에 자기에게 돌아올 몫에 대한 고려가 자연히 일어날 수 밖에 없었습니다. 그것은 곧 누가 높은 자리를 차지하겠는가 하는 문제로 요약됩니다. 굳이 오늘날의 제도로 표현한다면 누가 국무총리가 되고 누가 장관이 되느냐 하는 것입니다. 바로 이것이 제자들 사이에서 발생한 누가 큰가 하는 논쟁의 본질이었습니다. 제자들은 이 문제를 놓고 자주 논쟁을 벌였습니다. 심지어 최후의 만찬 자리에서까지 이것이 문제가 되었던 것으로 보입니다.[62] 제자들만이 아니라 제자들의 가족까지 감투 싸움에 동원된 것을 요한과 야고보 형제의 예에서 볼 수 있습니다.[63] 물론 시간이 지나면 해결될 일이었지만, 예수님께서 지상에

고하던 자러라 (요 18:14).
62) 21 그러나 보라 나를 파는 자의 손이 나와 함께 상 위에 있도다 22 인자는 이미 작정된 대로 가거니와 그를 파는 그 사람에게는 화가 있으리로다 하시니 23 그들이 서로 묻되 우리 중에서 이 일을 행할 자가 누구일까 하더라 24 또 그들 사이에 그 중 누가 크냐 하는 다툼이 난지라 (눅 22:21-24).
63) 20 그 때에 세베대의 아들의 어머니가 그 아들들을 데리고 예수께 와서 절하며 무엇을 구하니 21 예수께서 이르시되 무엇을 원하느냐 이르되 나의 이 두 아들을 주의 나라에서 하나는 주의 우편에, 하나는 주의 좌편에 앉게 명하소서 22 예수께서 대답하여 이르시되 너희는 너희가 구하는 것을 알지 못하는도다 내가 마시려는 잔

서 제자들과 함께 생활하시던 동안에는 이것이 지속적으로 문제였고, 제자들 사이의 갈등의 요인이 되었습니다. 이 문제에 대해서 주님께서 교훈하셨습니다.[64] 그런 교훈도 당시의 제자들에게는 효과가 없었습니다. 그러나 시간이 흐른 뒤에 제자들은 비로소 이 교훈의 의미를 깨닫고 그것을 순종했습니다.

어쨌든 제자들이 권력에 대한 이런 은밀한 욕망을 품고 있었으므로, 예수님께서 십자가에서 죽으시는 것을 결사 반대할 수 밖에 없었을 것입니다. 주님의 죽음이 자기들의 모든 노력과 희생을 허사로 만드는 일이 되었던 것입니다. 베드로가 즉시 나서서 예수님을 꾸짖으면서까지 죽음을 만류한 데에 이런 은밀한 욕망이 또한 작용하고 있었을 것입니다. 베드로의 마음 속을 다 꿰뚫어 보시는 예수님께서는 베드로의 마음 속에 이런 생각들이 혼재해 있는 것을 아시고, 그것은 사람의 생각에 불과하며, 그런 사람의 생각은 하나님의 생각과 대적할 수 밖에 없고, 그 일은 사탄의 사주의 결과인 것을 베드로에게 명확하게 밝혀 주신 것입니다.

을 너희가 마실 수 있느냐 그들이 말하되 할 수 있나이다 23 이르시되 너희가 과연 내 잔을 마시려니와 내 좌우편에 앉는 것은 내가 주는 것이 아니라 내 아버지께서 누구를 위하여 예비하셨든지 그들이 얻을 것이니라 24 열 제자가 듣고 그 두 형제에 대하여 분히 여기거늘 (마 20:20-24).

64) 42 예수께서 불러다가 이르시되 이방인의 집권자들이 그들을 임의로 주관하고 그 고관들이 그들에게 권세를 부리는 줄을 너희가 알거니와 43 너희 중에는 그렇지 않을지니 너희 중에 누구든지 크고자 하는 자는 너희를 섬기는 자가 되고 44 너희 중에 누구든지 으뜸이 되고자 하는 자는 모든 사람의 종이 되어야 하리라 45 인자가 온 것은 섬김을 받으려 함이 아니라 도리어 섬기려 하고 자기 목숨을 많은 사람의 대속물로 주려 함이니라 (막 10:42-45).

여기서 자연스럽게 주목하게 되는 한 가지 사실이 있습니다. 우리는 베드로가 마음 속에 품었던 권력에 대한 욕망은 악하지만, 스승에 대한 존경의 마음이나 이스라엘 나라의 구원에 대한 관심은 그래도 권력에 대한 욕망보다는 낫지 않은가 하고 생각할 수 있습니다. 물론 도덕적으로 볼 때 그 세 가지가 다 같은 수준에 있지는 않습니다. 권력에 대한 은밀한 욕망은 아무래도 이기적인 측면이 강하고, 그로 말미암아 제자들 사이에 다툼이 일어나기도 했으므로, 스승에 대한 인간적인 흠모의 심정이나 민족과 국가에 대한 관심이 권력에 대한 욕망보다는 낫다고 생각할 수 있습니다. 이렇게 생각하는 것이 또한 인지상정이기도 합니다.

하지만 그것들은 순전히 인간의 지평에 속한 문제임을 주의해야 합니다. 그것이 스승에 대한 인간적인 존경이 되었든, 민족에 대한 사랑이 되었든, 하나님의 일에 명확하게 반항하게 된다는 점을 주목해야 합니다. 여기서 하나님의 일은 분명합니다. 하나님의 일은 예수 그리스도께서 십자가에 달려 죽으심으로 만민에게 구원의 길을 여시고, 그에 뒤따르는 부활과 승천, 그리고 성신 강림을 통해서 지상에 교회가 서는 것이며, 그 교회를 통해서 세상의 나라가 아닌 하나님의 나라가 증거되는 것이었습니다. 이것이 그 때 하나님께서 하고 계시는 일이었습니다. 그렇다면, 그 일에 저항하는 것은 그것이 아무리 인지상정이고 아무리 민족에 대한 관심이라 할지라도 하나님의 일에 대항하는 것입니다. 지금 하나님께서 하시는 그 일을 막아서는 것은, 그 내용이 고상하고 도덕적이든, 저급하고 악하든 아무 차이가 없습니다. 최후의 관건은 그것이 사람의 일인가 하나님의 일인가 하는 것입니다.

이 원리는 복음 전파와 같은 거룩한 일에 대해서도 마찬가지로 적용됩니다. 사도 바울이 2차 전도 여행을 할 때의 일입니다. 요한 마가의 일로 바나바와 심하게 다투고 갈라선 사도 바울은 실라를 대동하고 전도 여행을 떠났습니다. 이번에는 육로를 따라서 길리기아 지방을 지나 1차 전도 여행 때에 마지막으로 들렀던 더베와 루스드라에 가서 디모데를 전도대에 가담시켰습니다. 그리고 계속 나아갔는데, 당시 사도 바울의 계획은 아시아에서 복음을 전하는 것이었습니다. 여기서 말하는 아시아는 에베소를 중심으로 한 지역, 곧 지금 터키의 에게해 동쪽 해안을 끼고 있는 지역입니다. 짐작컨대 사도의 마음 속에 에베소가 있었을 것입니다. 그래서 사도 바울은 계속 서쪽으로 가서 소아시아로 들어가려 했습니다. 하지만 성신께서 그 길을 막으셨습니다.[65] 그래서 이번에는 비두니아 곧 오늘날로 하면 저 위쪽 흑해 연안의 지역으로 가려 했으나 이번에는 예수의 영이 막았습니다.[66] 사도 바울 일행은 밀리고 밀려서 항구인 드로아까지 내려 갔는데, 거기서 사도는 마게도냐 사람이 부르는 환상을 보고 마게도냐로 갑니다(행 16:10). 이것은 흥미 있는 사례입니다. 하나님께서는 사도 바울이 언제 어디에 가서 복음을 전해야 할지를 정하고 계셨습니다. 그러

---

65) 6 성령이 아시아에서 말씀을 전하지 못하게 하시거늘 (행 16:6상).
66) 7 무시아 앞에 이르러 비두니아로 가고자 애쓰되 예수의 영이 허락하지 아니하시는지라 (행 16:7).

므로 사도는 복음을 전한다 하더라도 자기가 원하는 곳에서 전하면 안되고 하나님께서 지시하시는 곳에서 전해야 했습니다. 이것은 어떤 일이 비록 하나님의 일이고 거룩한 일이라 하더라도 사람이 원하는 곳에서 사람이 정한 방법으로 해서는 안된다는 진리를 일깨웁니다. 어떤 일이 아무리 거룩한 일로 보일지라도, 사람이 그 일을 마음대로 해서는 안됩니다. 하나님께서 정하신 때에, 하나님께서 정하신 방법으로 해야 합니다.

이 점에서 신자는 사람의 일과 하나님의 일을 조심스럽게 구분해야 합니다. 이것은 중생에 대한 가르침에서도 나타납니다. 니고데모에게 물과 성신으로 나지 아니하면 하나님 나라에 들어갈 수 없음을 가르치시고 나서 주님은 "육으로 난 것은 육이요 성령으로 난 것은 영이니"(요 3:3)라고 말씀하셨습니다. 여기서 육이란 아담의 후손인 사람 곧 중생하지 않은 자연인을 가리킵니다. 그러니까 인간적인 것은 인간적인 것으로 끝나는 것이요 성신으로 말미암은 것이 신령한 일이라는 뜻입니다. 그러므로 육과 영을 뒤섞으면 안됩니다. 사람의 일과 하나님의 일을 뒤섞어서는 안됩니다.

그런데 여기서 지금 제자들은 하나님의 일과 사람의 일을 뒤섞어서 생각하고 있습니다. 예수님이 유대인들에게 죽임을 당하고 장사되고 사흘 만에 부활하는 것은 하나님 나라의 일입니다. 그것은 지상에 하나님의 나라가 서 나가기 위해서 반드시 필요한 일입니다. 만세 전부터 하나님께서 예정하신 크고 기이한 일입니다. 그런데 지금 제자들의 입장에서 인간적으로 생각하면 스승이 억울한 죽음을 당하는 것은 있을 수 없는 일입니다. 또한 메시아가 죽음으로 말미암아 자신을 포함한 자기 동족 이스라엘이 로마의 압제를 벗지 못하고 여전히 그 아래에서 신음하게 되어서도 안됩니다. 그리고 조금 깊이 들어가서, 자기들의 지금까지의 노력과 희생이 허사로 끝나서도 안되었습니다. 이렇게 해서 그들은 사람의 일을 생각했고, 그것은 언제나 하나님의 일과 충돌을 일으킵니다. 이럴 때에 사람은 자기를 부인해야 사람의 일을 버리고 하나님의 일을 따를 수 있습니다. 또 그렇게 되어야 지상에 하나님께서 나라를 세우시고 거룩한 뜻을 이루어나가는 일에서 도구가 됩니다.

그러므로 관건은 그 일이 사람의 관습이나 도덕적 관념에서 볼 때 바르냐 그르냐, 종교적인 일이냐 아니냐가 아닙니다. 관건은 그 일이 그 때 거기서 하나님께서 원하시는 일이냐 하는 것입니다. 사람은 한 사회의 도덕을 따르면서 하나님을 대적할 수 있고, 인지상정을 따르면서 하나님을 대적할 수 있으며, 혹은 자기의 종교적 열정을 따르면서 하나님을 대적할 수 있습니다. 최후의 관건은 자기를 부인하고 오직 그리스도의 인도만을 받는 것입니다. 그래서 주님께서는 모든 것을 부인하고 심지어 자기의 생명까지 미워하라고 하셨습니다. 이렇게 사람이 오직 예수 그리스도의 가르침과 인도만을 따르는 데에 참 생명 곧 영생이 있는 것입니다.

13
종교적 열심

12 나를 능하게 하신 그리스도 예수 우리 주께 내가 감사함은 나를 충성되이 여겨 내게 직분을 맡기심이니 13 내가 전에는 비방자요 박해자요 폭행자였으나 도리어 긍휼을 입은 것은 내가 믿지 아니할 때에 알지 못하고 행하였음이라 14 우리 주의 은혜가 그리스도 예수 안에 있는 믿음과 사랑과 함께 넘치도록 풍성하였도다 15 미쁘다 모든 사람이 받을 만한 이 말이여 그리스도 예수께서 죄인을 구원하시려고 세상에 임하셨다 하였도다 죄인 중에 내가 괴수니라 16 그러나 내가 긍휼을 입은 까닭은 예수 그리스도께서 내게 먼저 일체 오래 참으심을 보이사 후에 주를 믿어 영생 얻는 자들에게 본이 되게 하려 하심이니라 (딤전 1:12-16)

12강에서 종교적인 열심이라 하더라도 그것이 사람에게서 나온 것이라면 하나님의 나라를 대적할 수 있다는 것을 보았습니다. 언뜻 생각하면 사람이 하나님에 대한 열심을 품고 섬기면 다 좋은 결과가 나올 것 같이 생각하기 쉽습니다. 하지만 성경과 우리의 경험을 살펴보면 아무리 열심을 품고 섬긴다 하더라도 정반대의 결과가 나올 수도 있다는 것을 알 수 있습니다. 성경에 나타난 현저한 예 중의 하나가 사도 바울에게서 발견됩니다.

디모데전서 1:12-16은 사도 바울이 디모데에게 보낸 두 개의 서신 중 첫째 서신의 일부입니다. 이 서신을 기록할 때에 사도 바울은 에베소에 있다가 마게도냐를 급히 방문할 일이 발생했습니다. 그래서 디모데를 에베소에 남겨두고 떠나 있었는데, 에베소 교회에 여러 가지 문제가 발생하여 그 문제에 대처할 수 있도록 디모데를 지도할 필요가 발생했습니다. 그래서 이 서신을 써서 보냈습니다. 우리가 특별히 관심을 기울이고자 하는 부분은 13절입니다.[67] 여기서 바울 사도가 자신의 이전 상태를 묘사하는 말, 비방자, 박해자, 폭행자라는 말은 대단히 강한 말입니다. 비방자란 신성모독을 하는 사람이라는 뜻이고, 박해자란 종교적인 이유로 다른 사람을 죽이거나 상해를 입히거나 괴롭히는 사람이요, 폭행자란 교만이 하늘을 찔러서 다른 사람들을 무시하고 함부로 하거나 악행을 하는 사람입니다. 게다가 15절에서는 "죄인 중에 내가 괴수니라"고까지 말합니다. 그러므로 언뜻 들으면 자신을 굉장히 부도덕한 사람이라고 말하는 것처럼 보입니다.

하지만 바울 사도는 결코 부도덕한 사람이 아니었습니다. 사도가 빌립보서에서 그리스도를 믿기 이전 자신의 삶에 대해 말한 데가 있습니다.[68] 그리스도를 알고 믿기 이전, 유대교를 추종하고 있었을 때에

---

67) 13 내가 전에는 비방자요 박해자요 폭행자였으나 도리어 긍휼을 입은 것은 내가 믿지 아니할 때에 알지 못하고 행하였음이라 (딤전 1:13).
68) 4 그러나 나도 육체를 신뢰할 만하며 만일 누구든지 다른 이가 육체를 신뢰할 것이 있는 줄로 생각하면 나는 더욱 그러하리니 5 내가 팔일 만에 할례를 받고 이스라엘 족속이요 베냐민 지파요 히브리인 중의 히브리인이요 율법으로는 바리새인이

사도는 유대교가 요구하는 모든 것에 최선을 다해서 부응하려 했고 실제로 그러했습니다. 여기 "율법의 의로는 흠이 없는 자"라는 말은 하나님 앞에서 도덕적으로 완전했다는 말이 아니라 유대교가 요구하는 표준에서는 흠이 없었다는 뜻입니다. 이것은 당시 유대교에 일반적으로 퍼져 있던 생각이었습니다. 하나님은 사람에게 율법을 주시고 그것을 지키는 것이 의로운 일이라고 가르치셨습니다. 그러므로 율법을 지키면 사람은 하나님 앞에 의롭다는 인정을 받습니다. 예를 들어서, 구약의 법에 의하면 모든 유대인 남자는 1년에 세 번, 유월절, 칠칠절, 초막절에 예루살렘 성전에 올라가 절기를 지켜야 했습니다. 그 율법의 규례를 어기지 않고 지키면 율법의 의에 비추어 흠이 없는 것입니다. 간음하지 말라고 했으니, 혼인한 배우자 이외의 다른 사람과 잠자리를 같이 하지 않으면 율법의 의에 비추어 흠이 없는 것입니다. 살인하지 말라고 했으니, 다른 사람의 목숨을 끊지 않으면 율법의 의에 비추어 흠이 없는 것입니다. 그래서 한 부자 청년이 예수님께 와서 영생을 얻는 길에 대해 물었을 때, 예수님께서 "네가 계명을 아나니 살인하지 말라, 간음하지 말라, 도둑질하지 말라, 거짓 증언하지 말라, 속여 빼앗지 말라, 네 부모를 공경하라 하였느니라"고 말씀하자 그 청년은 "선생님이여 이것은 내가 어려서부터 다 지키었나이다"라고 대답했던 것입니다(막 10:19-20). 이것이 당시 유대교의 생각이었으므로, 사도 바울도 자기가 아는 한 그 체계 안에서 최선을 다했고 양심에

요 6 열심으로는 교회를 박해하고 율법의 의로는 흠이 없는 자라 (빌 3:4-6).

비추어 부끄러움이 없이 살았습니다. 그런데도 사도가 여기서 자신을 가리켜서 비방자요 박해자요 폭행자라고 말한 것에는 좀 더 깊은 의미가 있다고 보아야 합니다.

사도는 "내가 전에는 비방자요 박해자요 폭행자였으나 도리어 긍휼을 입은 것은 내가 믿지 아니할 때에 알지 못하고 행하였음이라"(딤전 1:13)고 말하는데, 언뜻 생각하면 모르고 하면 아무리 나쁜 짓도 다 용서받느냐 하는 질문이 떠오르지만 이 말씀은 그런 것을 가르치지 않습니다. 도리어 이 말은 사도의 마음의 동기를 강조하는 말입니다. 자신이 하나님을 모독하고, 종교적인 이유로 다른 사람을 박해하고, 스스로 높아져서 다른 사람을 마구 짓밟고 했을 때 자신은 진정으로 하나님을 섬기기 위해 그렇게 했다는 것입니다. 만약 그렇게 하는 것이 하나님을 섬기는 길이 아니라는 것을 알기만 했으면 절대로 그렇게 하지 않았으리라는 뜻입니다. 하나님께서 그것을 불쌍히 여기셨다는 뜻입니다. 하지만 동기가 순수하다고 해서 하나님께서 다 건지시는 것은 아닙니다. 하나님께서 바울을 건지신 것은 그를 통하여 자신의 자비의 영광을 드러내시고 그를 복음의 일꾼으로 삼기를 기뻐하셨기 때문입니다. 사도는 이 동일한 원리를 동료 유대인들에게 적용하면서 자신이 그 본이 되기를 바랍니다.[69]

---

[69] 1 형제들아 내 마음에 원하는 바와 하나님께 구하는 바는 이스라엘을 위함이니 곧 그들로 구원을 받게 함이라 2 내가 증언하노니 그들이 하나님께 열심이 있으나 올바른 지식을 따른 것이 아니니라 3 하나님의 의를 모르고 자기 의를 세우려고 힘써 하나님의 의에 복종하지 아니하였느니라 (롬 10:1-3).

당시 유대인들은 사도 바울의 이전 형편과 유사합니다. 그들에게 열심은 있으나 그 열심이 올바른 지식을 따른 것이 아니면 도리어 역효과를 냅니다. 사도 바울이 그러했고 당시 유대인들이 역시 그러했습니다. 이것은 어느 시대나 마찬가지입니다. 진리에 대한 지식이 없이 열심만 가지고 뭘 하면 자칫 하나님 나라에 대적하는 결과를 내기 쉽습니다.

이와 같이 그가 비방자요 박해자요 폭행자가 되었던 것은 순전히 종교적인 이유에서였습니다. 그것도 그의 최선과 진심을 기울인 종교적인 이유로 그렇게 되었습니다. 그렇다면 참으로 아이러니가 아닐 수 없습니다. 자기는 최선을 다해서 하나님을 섬기느라고 했는데, 지나고 보니까 자신의 행동이 비방자요 박해자요 폭행자가 되었던 것입니다. 우리는 사도의 이 말이 바로 그가 교회를 핍박한 일을 두고 하는 것임을 알고 있습니다.[70]

사울의 그 행동은 많은 것을 가르칩니다. 그는 도덕적으로 흠이 없었습니다. 종교적인 동기는 순수했습니다. 그러나 도덕적으로 흠이 없고 종교적으로 순수한 동기에서 그리스도인들을 박해한 그의 행동은 하나님 나라를 가장 크게 해치는 일이었습니다. 당시의 교회는 지상에서 시작된 은혜의 통치의 현실이었습니다. 사도가 교회를 박해한 이 일이 대개 주후 33년경으로 짐작됩니다. 그렇다면 주님께서 승

---

[70] 1 사울이 주의 제자들에 대하여 여전히 위협과 살기가 등등하여 대제사장에게 가서 2 다메섹 여러 회당에 가져갈 공문을 청하니 이는 만일 그 도를 따르는 사람을 만나면 남녀를 막론하고 결박하여 예루살렘으로 잡아오려 함이라 (행 9:1-2).

천하시고 오순절 성신 강림이 있은지 약 3년 이후의 일입니다. 그러므로 지상에 교회가 서서 막 전진해 나가던 순간이었습니다. 사도는 바로 그 교회를 박멸하겠다고 나선 것입니다. 그렇다면 하나님 나라의 진행이라는 관점에서 보았을 때 당시에 이보다 더 악한 일은 없었습니다. 그런 의미에서 사도는 가장 무서운 죄를 범한 것입니다. 이것은 몇 가지 개인적인 부도덕이나 절도나 권력 남용 정도가 아닙니다. 하나님 나라 자체를 말살하겠다는 시도로서 바로 사탄의 도구 노릇한 것이었습니다. 베드로가 범한 잘못을 사도 바울도 동일하게 범하고 있었습니다. 하나님께서 원하셨다면 단매에 그를 죽이실 수 있었습니다. 그런데도 하나님께서 그를 살려두실 뿐만 아니라 그를 사도로 삼으신 것은 하나님이 얼마나 너그럽고 자비로우신 분인지를 드러내는 계기가 된 것입니다. 이런 까닭에 사도는 자신을 죄인 중의 괴수라고 말했습니다.

그러므로 우리는 아무리 도덕적으로 선하고 종교적으로 순결해도 그것이 성신의 힘 주심이 아니라 사람의 선에서 나온 것이라면 하나님 나라에 큰 위해를 가할 수 있음을 배울 수 있습니다. 사도 바울도 서신에서 그 교훈을 기록했습니다.[71]

---

[71] 7 그러나 무엇이든지 내게 유익하던 것을 내가 그리스도를 위하여 다 해로 여길 뿐더러 8 또한 모든 것을 해로 여김은 내 주 그리스도 예수를 아는 지식이 가장 고상하기 때문이라 내가 그를 위하여 모든 것을 잃어버리고 배설물로 여김은 그리스도를 얻고 9 그 안에서 발견되려 함이니 내가 가진 의는 율법에서 난 것이 아니요 오직 그리스도를 믿음으로 말미암은 것이니 곧 믿음으로 하나님께로부터 난 의라 (빌 3:7-9).

이와 관련하여 교회 역사에서도 좋은 예를 찾을 수 있습니다. 어거스틴과 동시대에 살던 신학자 중에 펠라기우스라는 사람이 있었습니다. 그는 주후 354-360년 사이에 영국에서 출생한 것으로 알려져 있습니다. 혹자는 그를 아일랜드 출신이라고 하지만 확실하지는 않습니다. 그는 금욕주의적인 경향을 가지고 있었고 매우 도덕적이며 안정적인 품성을 가졌고 자신을 엄격하게 다스렸습니다. 그러니 자연히 다른 사람들에게 도덕적 권위를 가졌습니다. 또한 헬라어와 라틴어에 능통하여 섬부한 신학적 지식을 갖추고 있었습니다. 그러니까 신학적 지식에 있어서나, 개인의 경건에 있어서나, 행동거지에 있어서 흠이 없는 인물이었습니다. 그가 주후 380년경에 로마로 왔는데, 거기서 그는 심각한 도덕적 타락을 목격하고 그 문제에 대해 가르치기 시작했습니다. 곧 사람은 원래 자유의지가 있어서 자기의 마음 먹기 따라 선을 행할 수도 있고 악을 행할 수도 있다고 했습니다. 그러므로 자신의 모든 행동에 대한 책임은 자기가 져야 합니다. 악을 행한다면 그것을 다른 원인에 돌릴 수 없고, 선을 행한다면 역시 그것을 다른 원인에 돌릴 수 없다고 했습니다. 다시 말하면, 사람이 악을 행한다면 그것은 그가 타락하여 본성이 부패한 사람이기 때문이 아니며, 사람이 선을 행한다면 이는 그가 특별한 외적인 도움을 받은 결과가 아니라는 뜻입니다. 사람은 자기의 마음 먹기에 따라서 악을 행할 수도 있고 선을 행할 수 있으며 그 결과에 대한 책임은 철저하게 자기가 져야 한다는 것입니다.

그렇다면 타락이나 원죄 같은 것은 없다는 뜻입니다. 만약 타락이나 원죄를 인정한다면 사람은 필연적으로 죄를 지을 수 밖에 없다는 뜻이므로 죄를 범한 사람에게 왜 죄를 범했느냐고 따질 수 없을 것이고, 그만큼 사람들은 자기들의 부도덕한 삶에 대해 덜 심각하게 느낄 것입니다. 그러므로 모든 죄에 대한 책임은 각 사람에게 있으므로 모두가 악을 버리고 죄를 범하지 말아야 한다는 것입니다. 결국 구원이 각 사람의 결정에 달려 있다는 말이 되기도 합니다. 사람은 자유 의지를 가지고 구원을 선택할 수도 있고 거부할 수도 있으므로 자기가 믿기로 작정하고 믿으면 구원을 받을 것이고, 자기가 믿지 않기로 작정하면 구원을 받지 못한다는 것입니다.

부도덕한 사회에 대해 통탄스럽게 느끼면서 도덕적 개혁을 이뤄야겠다는 좋은 동기를 가지고 그렇게 가르쳤습니다. 하지만 그의 생각은 성경의 중요한 교리에서 그릇되었고, 그것에 대해 어거스틴이 문제 삼기 시작했습니다. 어거스틴과 펠라기우스의 논쟁은 구원론과 관련하여 교회사에서 가장 중요한 논쟁 중의 하나였습니다. 그렇게 논쟁이 지속되다가 결국 431년의 에베소 공의회에서 펠라기우스의 가르침이 이단으로 정죄되었습니다. 그런데도 펠라기우스의 이런 가르침은 교회에서 깔끔하게 정리되지 않고 계속 내려오고 있으며 오늘날까지 계속되고 있습니다. 펠라기우스의 이런 그릇된 가르침은 약간씩 변형된 형태로 교회 내에서 수시로 살아났습니다.

펠라기우스는 대단히 도덕적이고 종교적이며 자기에게 엄격한 사람이었습니다. 그는 자신의 도덕성에 문제를 느끼지 못했습니다. 사람은 얼마든지 자기의 도덕적 노력으로 자신을 구원할 수 있다고 보았습니다. 그런 열정을 가지고 그는 당시 타락한 사회를 개선하려는 노력에 나섰습니다. 하지만 인간의 도덕적 열정으로 시작한 그의 노력은 교회 내에 큰 오류를 공식적으로 도입하여 오고 오는 세대에 하나님의 백성에게 그릇된 사상을 감염시키는 일을 했을 뿐입니다. 우리는 인간의 도덕적 노력에 주의해야 합니다. 사람들은 자주 도덕적으로 옳은 것은 하나님 보시기에도 옳다고 생각하고 도덕적으로 옳은 것은 무조건 추구해야 한다고 생각하기 쉽습니다. 하지만 인간의 도덕성은 그것이 아무리 선하게 보여도, 반드시 하나님 나라의 성격에 부합한다고 보장하지 못합니다. 도리어 그것이 인간의 도덕적 노력인 경우에는 허다히 하나님 나라에 대적하는 결과를 초래합니다.

 인간에게서 선의 가능성을 찾는 그릇된 종교적 열정이 오늘날에도 널리 퍼져 있습니다. 특히 자기의 정성이 하나님께 받아들여져서 정성을 들인 기도는 좀 더 효능이 있고 능력을 발휘하리라는 것도 이런 생각의 아류입니다. 그래서 자주 사람들은 자고 싶은 잠을 줄이고 새벽에 나가 기도하거나 밤을 새워 기도를 한다든지, 먹고 싶은 욕망을 억누르고 굶으면서 기도한다든지 하면 아무래도 자기의 기도가 조금은 더 효과를 발휘하지 않겠는가 하는 생각을 무의식적으로라도 하는 듯합니다. 물론 사람은 아주 절박한 일이 생겨서 식욕을 잃고 밤에도 잠을 이루지 못하고 기도할 수 있습니다. 그렇게 기도하는 사람은 그렇게 했으니 자기의 기도가 더 효과가 있으리라고 생각하지 않습니다. 간절한 심정에 그렇게 기도가 된 것 뿐입니다. 그런데 그러지 않고 욕망을 억누르고 하는 기도가 좀 더 간절하여 하나님께 효력을 발휘할 수 있다고 생각한다면 이는 자기 자신 안에 하나님께 받아들여질 만한 것이 조금이라도 남아 있다는 생각입니다. 이런 생각을 한다면 그는 기도를 마칠 때에 '예수님의 이름과 나의 정성의 공로로 기도합니다'라고 말하는 셈입니다. 단지 '나의 정성의 공로로'라는 말이 발설되지 않아 다른 사람들에게 들리지 않을 뿐입니다.

신자를 이른바 세미 펠라기안으로 만들 수 있는 요소는 얼마든지 있습니다. 산상보훈에서 예수님께서는 당시 유대인이 중시하던 종교적 활동인 금식, 기도, 선행을 예로 들어서 그들의 종교적 오류를 고쳐 주셨습니다. 당시 유대인들은 이런 종교 활동을 하고서 그 사실을 사람들 앞에 선전하여 스스로 종교적 명예를 취하고자 하였습니다. 예수님께서는 그런 은밀한 욕망이 얼마나 그릇된 것인지를 생생하게 보여 주셨습니다. 이런 구절을 아는 오늘날의 신자들은 그런 식으로 자신을 드러내는 것이 옳지 않다는 것을 알고 피하려 할 것입니다. 하지만 문제는 마음입니다. 자신이 많은 시간 기도하고, 은밀하게 금식하고, 오른손이 하는 것을 왼손이 모르게 구제를 했을 때, 그런 행동에 대해 전혀 나팔을 불지 않을지라도, 그런 행동들이 공로가 되어 자신을 하나님께 더 받아들여지게 하리라고 생각한다면 그것은 낭패입니다. 왜 낭패인가 하면, 자기에게 하나님께 받아들여질 만한 것이 있다고 생각한다는 점에서 낭패입니다. 바로 이런 생각이 펠라기우스의 쓴 뿌리가 하는 일입니다.

사람이 마음 속으로 스스로의 공로에 대한 이런 종교적 콤플렉스를 가지면 바로 뒤따라오는 것이 교만, 서로 비교하는 심정, 다른 사람을 무시하거나 정죄하는 태도입니다. 그럴 수 밖에 없습니다. 왜냐하면 그런 선행이나 종교적 공로를 자기가 했기 때문입니다. 만약 그것을 자기가 했다면 자기는 그것을 하지 않는 다른 사람들보다 뭔가 더 나은 것입니다. 사람이 할 수 있어서 자기는 했는데 다른 사람은 그렇게 하지 않는다면 그 사람들이 그릇된 것입니다. 그런 까닭에, 자기가 했고 할 수 있다는 생각은 필연적으로 다른 사람을 무시하는 심정을 초래하게 됩니다. 고린도 교회에 그런 문제가 있었기 때문에 사도 바울은 그들을 꾸짖어야 했습니다.[72] 결국 거기에 '자기'가 문제가 됩니다. 자기를 시인하고, 자신에게서 선의 가능성을 찾으며, 자기의 도덕적 결단과 힘으로 구원에 도달할 수 있다는 이 생각의 뿌리에 펠라기우스 이단이 있습니다. 펠라기우스의 존경할 만한 도덕적 동기는 교회에 이렇게 악한 영향을 미친 것입니다.

결론적으로 자기를 부인한다는 것은 세상의 윤리적 기준이나 종교적 기준으로 보아 옳지 않은 것을 버리는 것이 아닙니다. 그 동기가 아무리 도덕적이고 종교적이라 하더라도 그것이 성신의 인도에 의한 것이 아니라면 하나님 나라와는 무관하거나 심지어 하나님 나라에

---

[72] 7 누가 너를 남달리 구별하였느냐 네게 있는 것 중에 받지 아니한 것이 무엇이냐 네가 받았은즉 어찌하여 받지 아니한 것 같이 자랑하느냐 (고전 4:7).

대적할 수 있습니다. 결국 자기 부인이란 과거에 자기가 가지고 있던 일체의 가치관과 사상을 포기하고 하나님의 말씀의 교훈만을 절대의 기준으로 삼는 생활로 들어가는 것을 포함합니다.

그렇다고 해서 하나님 나라가 비윤리적인 일을 허용하거나 조장하는 것은 결코 아닙니다. 도리어 하나님 나라는 세상의 일반적인 윤리보다 더 의롭고 더 공정해야 합니다. 이것은 그럴 수 밖에 없습니다. 그래서 때로 하나님 나라의 윤리는 그 사회의 윤리와 충돌하기도 합니다. 한 사회의 윤리란 결국 그 사회 구성원의 관습에서 생겨난 것으로 자주 영원한 하나님의 법과 충돌합니다. 그런 까닭에 하나님 나라의 윤리는 때로 그 사회의 윤리와 충돌하지만 그것은 하나님 나라의 윤리가 영원법에 터를 두고 있기 때문이지, 그 사회의 윤리보다 저급하기 때문이 아닙니다. 그런 까닭에라도 하나님 나라의 백성으로 살기 위해서는 그 사회의 전통적인 윤리에 붙잡혀 있지 말아야 합니다. 그것을 초월하여 영원한 나라의 윤리를 세상에 구현하려면 역시 자기를 부인해야 합니다.

14
자기부인과 인간관

1 그런데 뱀은 여호와 하나님이 지으신 들짐승 중에 가장 간교하니라 뱀이 여자에게 물어 이르되 하나님이 참으로 너희에게 동산 모든 나무의 열매를 먹지 말라 하시더냐 2 여자가 뱀에게 말하되 동산 나무의 열매를 우리가 먹을 수 있으나 3 동산 중앙에 있는 나무의 열매는 하나님의 말씀에 너희는 먹지도 말고 만지지도 말라 너희가 죽을까 하노라 하셨느니라 4 뱀이 여자에게 이르되 너희가 결코 죽지 아니하리라 5 너희가 그것을 먹는 날에는 너희 눈이 밝아져 하나님과 같이 되어 선악을 알 줄 하나님이 아심이니라 6 여자가 그 나무를 본즉 먹음직도 하고 보암직도 하고 지혜롭게 할 만큼 탐스럽기도 한 나무인지라 여자가 그 열매를 따먹고 자기와 함께 있는 남편에게도 주매 그도 먹은지라 7 이에 그들의 눈이 밝아져 자기들이 벗은 줄을 알고 무화과나무 잎을 엮어 치마로 삼았더라 8 그들이 그 날 바람이 불 때 동산에 거니시는 여호와 하나님의 소리를 듣고 아담과 그의 아내가 여호와 하나님의 낯을 피하여 동산 나무 사이에 숨은지라 9 여호와 하나님이 아담을 부르시며 그에게 이르시되 네가 어디 있느냐 10 이르되 내가 동산에서 하나님의 소리를 듣고 내가 벗었으므로 두려워하여 숨었나이다 (창 3:1-10)

참된 신자 곧 중생한 신자의 생활이 자기 부인의 생활이라는 것을 하나님의 말씀이 가르칠 뿐만 아니라 이미 많은 진실한 신자들이 삶

속에서 경험했습니다. 13강에서는 자기 부인의 문제를 서론적으로 보았습니다. 가리사랴 빌립보 지방에서 예수 그리스도께서 제자들이 가진 그리스도에 대한 이해의 정도를 알아 보실 때에 베드로를 대표로 한 제자들과 큰 충돌이 일어났는데, 그 자리에서 그리스도께서는 자기 부인에 관한 중요한 진리를 선포하셨습니다.

> 24 이에 예수께서 제자들에게 이르시되 누구든지 나를 따라오려거든 자기를 부인하고 자기 십자가를 지고 나를 따를 것이니라 (마 16:24)

이 말씀을 문맥 속에서 보면, 베드로를 포함한 제자들의 육신적인 생각 혹은 인간적인 욕심이 배경이 되어 있습니다. 그 배경에서 보았을 때 우리는 자기 부인의 뜻을 분명히 알 수 있습니다.

자기 부인이라는 성경의 진리를 생각할 때에 이것이 근본적으로 성경적 인간관과 연결되어 있다는 것을 주목하게 됩니다. 사람이 어떤 존재냐 하는 근본적인 인간관의 문제입니다. 복음을 제대로 이해하려면 사람에 대한 이해가 정당해야 합니다. 그런데 우리가 인간관을 제대로 가지려면 사람은 부인되어야 하는 존재라는 사실을 알아야 합니다. 사람이 생각하는 존재이든, 사회적 동물이든, 도구를 만드는 존재이든, 사람은 부인되어야 하는 존재임이 분명합니다. 성경적 인간관은 이 사실에서 출발합니다. 사람이 신앙에서 성장하지 못하고 지지부진한 상태에서 헤매는 이유 중의 하나가 이 진리에 대한 부족한 이해와 관련되어 있습니다.

　사람이 부인되어야 하는 존재라는 말은 사람의 현재 상태가 정상적이지 않다는 뜻입니다. 만약 그가 정상적인 상태에 있다면 그는 부인되는 것이 아니라 시인되어야 합니다. 하지만 그가 정상 상태에 있지 않기 때문에 부인되어야 합니다. 그런데 만약 사람이 자신을 부인하지 않으면 그는 비정상적인 상태에 그대로 주저앉아 버릴 것입니다. 그러므로 비정상적인 상태에 있는 사람이 정상으로 돌아오려면 비정상적인 상태에 있는 그 사람이 부인되어야 합니다. 주님께서 이와 관련한 진리를 비유로 가르치셨습니다.[73]

　이것을 풀어서 쓰면 자기가 부인되어야 할 비정상적인 사람임을 아는 사람이라야 그리스도의 말씀에 순종하여 자기를 부인하고 정상적인 상태로 돌아올 수 있다는 뜻입니다. 그렇지 않고, 자기는 정상적인 상태에 있다고 생각하는 사람은 자기를 부인할 이유를 발견하지 못할 것이고, 따라서 영원히 정상으로 돌아올 기회를 가지지 못합니다.

　그러면 사람의 현재 상태가 비정상적이라는 것을 어떻게 알 수 있을까요? 첫째 죽음의 현실은 사람이 지금 비정상적인 상태에 있다는 표시입니다. 그런데 죽음이 왜 비정상적인가 질문하면 사실 뾰족한 대답이 얼른 떠오르지 않을 수 있습니다. 심지어 어떤 사람들과 어떤 종교들은, 죽음은 자연스러운 것이므로 전혀 이상하게 생각하지 말고

---

[73] 31 예수께서 대답하여 이르시되 건강한 자에게는 의사가 쓸 데 없고 병든 자에게라야 쓸 데 있나니 32 내가 의인을 부르러 온 것이 아니요 죄인을 불러 회개시키러 왔노라 (눅 5:31-32).

그냥 받아들여야 한다고 주장합니다. 이렇게 주장한다는 사실은 그들의 마음 속에서 죽음이 이미 자연스럽지 않다는 것을 보여 줍니다. 정말 자연스러운 것이라면 그것을 받아들이기 위해서 애쓸 필요가 없습니다. 그런데 사람이 죽는다는 현실은 물을 마시지 않으면 목이 마른 것처럼 자연스러운 일이 아닙니다. 물을 마시지 않으면 당연히 갈증이 일어나는 법이니 그것을 자연스럽게 받아들이라고 말할 필요가 없습니다. 그것은 이미 자연스러우며 아무도 거기에 저항하지 않기 때문입니다. 그러나 죽음에 대해서는 그렇지 않습니다. 왜냐하면 죽음은 이미 자연스러운 일이 아닌 까닭입니다. 심지어 어떤 사람이 죽으면서 나의 죽음은 당연한 것이니 자연스럽게 받아 들이라고 유언을 해도 사람들은 그의 장례식에 모여 슬픔을 느끼는 것입니다. 죽음은 결코 자연스러운 것이 아닙니다. 그것은 대단히 비정상적인 일입니다.

다음으로 비정상적인 것은 사람이 죄를 범한다는 사실입니다. 죄악의 현실은 결코 사람에게 정상적인 일이 아닙니다. 만약 그것이 정상적인 일이라면 왜 죄에 대해서 벌을 줍니까? 죄에 대해서 벌을 준다는 것은 두 가지 사실을 의미합니다. 첫째, 죄는 있어서는 안될 일이라는 뜻입니다. 만약 그것이 정상적이고 자연스러운 일이라면 그 일이 발생하는 것에 대해 특별히 어떤 대책을 마련할 필요가 없을 것입니다. 둘째, 죄가 일으킨 비정상적인 사실은 어떤 대책에 의해서 정상화되어야 한다는 것입니다. 이것을 죄책의 문제라고 하는데, 죄는 범죄자를 채무자로 만듭니다. 즉 무엇인가를 갚아야 하는 존재로 만든다는 뜻입니다. 그래서 형벌이 가해지는 것입니다. 그렇다면 사람이 죄를 범한다는 것도 사람의 상태가 정상적이지 않다는 증거입니다.

그 다음에 사람이 병에 걸린다는 것도 역시 정상적인 일이 아닙니다. 몸은 원래 병이 없이 건강한 상태를 유지해야 정상입니다. 그런데 질병은 몸의 정상적인 상태를 무너뜨리고 방해하는 비정상적인 상태입니다. 그래서 사람은 누구나 병에 걸리면 그것을 고치려 합니다. 그것이 비정상적인 일이기 때문입니다. 그런데 병은 모든 인간에게 언제 어디서나 발생하는 현상입니다. 이것도 지금 사람의 상태가 정상적이지 못하다는 표시입니다.

또한 인간 사회가 평등하지 못하다는 것도 비정상적인 일입니다. 예를 들어서, 모든 사람은 동일한 가치를 가지는 인간입니다. 그들의 권리도 동일합니다. 만약 권리가 동일하다면 그들이 재화에 대해서 가지는 권리도 모두 같아야 합니다. 그런데 인간의 사회는 모든 사람이 똑같은 권리를 누린 적이 없고 모든 사람이 똑같은 정도로 재화를 소유한 적도 없습니다. 언제나 누군가는 다른 사람보다 더 많이 가지고, 누군가는 다른 사람보다 더 많이 향유합니다. 많이 노력한 사람이 더 많이 가져야 한다는 주장도 있지만, 어떤 사람은 태어나면서부터 더 많이 가집니다. 또 어떤 사람은 더 많이 노력하고도 덜 받습니다. 이런 현상은 인간 사회가 비정상적임을 나타냅니다. 그러므로 인간 사회는 이 상태대로 유지되어서는 안됩니다. 그 안에 비정상적인 것이 너무나 많습니다. 인간을 포함한 인간 사회는 부인되어야 하는 사회입니다.

　이와 같이 한 사람 한 사람의 경우를 보더라도 비정상적이고 사회 전체를 보더라도 비정상적입니다. 이것이 인간이 불행한 이유입니다. 그러므로 우리는 왜 주님께서 자기를 부인하라고 하셨는지를 이해하게 됩니다. 자기를 부인하라는 말씀은 결국 각 사람, 나아가서 인간의 역사 자체가 비정상적이며 부인되어야 한다는 뜻입니다. 이렇게 자기를 부인해야 비로소 정상적인 상태를 향해서 나아갈 수 있는 길이 열립니다. 곧 병자가 자기의 병을 깨닫고 의사에게 치료를 요청하는 상태로 들어가는 것입니다.

　그러므로 자기를 부인하라는 주님의 명령을 이상한 말씀이고 이해하기 어려운 말씀이라고 생각할 필요가 없습니다. 그것은 너무나 당연한 명령이고, 우리에게 정말로 유익한 명령입니다. 주님은 우리를 사랑하셔서 우리에게 자기를 부인하라고 하시는 것입니다. 이 말씀은 결국 자신이 비정상적인 자라는 사실, 곧 죄와 질병과 불의와 죽음의 병에 걸린 사람이라는 사실을 직시하고 인정하며, 주님에게 나아와 고침을 받으라는 뜻입니다. 따라서 우리는 자기 부인의 길을 기뻐하고 환영할 수 있습니다. 또 그렇게 해야 합니다. 죽을 병이 든 환자를 치료해서 건강을 되찾게 해주겠다는데 그것을 반대할 하등의 이유가 없는 것입니다. 그러므로 자기 부인의 명령은 비정상적이거나 이상한 명령이 아닙니다. 그것은 죄인인 사람에게 너무나 유익한 명령입니다.

그럼에도 불구하고 어떤 사람들에게는 자기 부인이 너무나 힘든 일이 되며, 결국 자기를 부인하지 못하여 주님을 따르지 못하고 마는 경우가 왕왕 있습니다. 자기를 부인하지 못한다는 것은 자기를 시인한다는 말인데, 자기를 시인한다는 말은 자기가 정당하다, 자기는 비정상적이지 않다고 판단하기 때문일 것입니다. 이 말은 결국 죄를 범하는 자기가 정당하다, 자기가 죽는 것은 자연스러운 일이다, 몸은 병들고 사회는 불공평한 것이 정상적인 일이라고 생각한다는 뜻입니다. 그렇다면 자기는 그런 상태를 계속 유지하겠다는 뜻입니다. 그것이 자기를 부인하지 않는 사람의 마음 상태입니다. 그러니까 그는 영원히 그런 상태 속에서 존재하게 되는 것입니다. 지옥이 바로 그런 곳입니다.

그럼 자기 부인의 본질이 무엇일까요? 14강에서 보았듯이 그것은 자기의 뜻과 주님의 뜻 사이에서, 혹은 사람의 일과 하나님의 일 사이에서 발생하는 긴장을 어떻게 해소하느냐 하는 것입니다. 가이사랴 빌립보에서, 주님께서 십자가에서 죽으시고 사흘 만에 부활하시는 문제를 놓고 주님의 뜻과 베드로를 대표로 하는 제자들의 뜻이 충돌한 것입니다. 주님의 뜻은 십자가에 달려 죽으셨다가 사흘 만에 부활하시는 것입니다. 왜, 무엇을 위해서 이렇게 하십니까? 바로 그 제자들과 우리들의 죄를 용서하고 구원하기 위해서 그렇게 하시는 것입니다. 그렇게 하는 것이 하나님의 뜻입니다. 그런데 지금 제자들과 베드로는 주님이 그런 길을 가면 안된다고 반발하고 있습니다. 이 반발은 결국 자기들은 구원 받지 않고 영원히 멸망 당하겠다는 뜻입니다. 그들의 구원을 위해서 죽으시는 예수님을 막아 서서 죽으면 안된다는 말이 바로 그런 뜻이 되는 것입니다.

그래서 가이사랴 빌립보에서 발생한 두 개의 뜻의 충돌은 아주 전형적인 어떤 현상을 보여 줍니다. 곧 사람을 구원하려는 하나님의 뜻과 스스로 멸망하려는 사람의 뜻 사이의 충돌입니다. 그것이 십자가를 지는 일을 놓고 아주 첨예하게 드러난 것입니다. 주님은 십자가를 지시려는 뜻을 가지셨고 그 뜻은 사람을 구원하는 것입니다. 제자들은 주님의 십자가를 막으려는 뜻을 가지고 있었는데 그것은 결국 영원한 멸망으로 떨어지겠다는 말입니다. 이것이 하나님의 뜻과 사람의 뜻이 대립하는 전형적인 모습이요 그 결과입니다. 하나님의 뜻과 사람의 뜻 사이의 모든 대립은 최후에 구원과 멸망의 대립입니다. 거기서 자기의 뜻을 꺾고 하나님의 뜻을 취하는 사람 곧 자기를 부인하는 사람은 구원을 받는 사람입니다. 하지만 이것을 하지 못하는 사람은 스스로 멸망의 구렁텅이로 찾아 들어가는 것뿐입니다.

그래서 주님은 자기를 부인해야 한다는 교훈을 베푸신 후에 그것을 바로 구원과 멸망의 말씀으로 연결시키셨습니다.[74] 이 말씀이 아이러니처럼 보이지만 실은 너무나 당연한 말씀입니다. 사람이 자기를 부

---

[74] 24 이에 예수께서 제자들에게 이르시되 누구든지 나를 따라오려거든 자기를 부인하고 자기 십자가를 지고 나를 따를 것이니라 25 누구든지 제 목숨을 구원하고자 하면 잃을 것이요 누구든지 나를 위하여 제 목숨을 잃으면 찾으리라 26 사람이 만일 온 천하를 얻고도 제 목숨을 잃으면 무엇이 유익하리요 사람이 무엇을 주고 제 목숨과 바꾸겠느냐 (마 16:24-26).

인하지 않고 자기 뜻을 고집하는 것이 사는 길 같지만 실은 죽는 길입니다. 도리어 자기를 부인하고 주님의 뜻을 따르는 것이 사는 길입니다.

여기서 한 가지 더 생각할 것이 있습니다. 어쩌다가 사람은 이렇게 자기를 부인하지 않으면 안되는 지경에 떨어졌느냐 하는 것입니다. 그런데 주의할 것은 사람이 처음부터 그런 존재로 지어진 것은 아니라는 사실입니다. 인간은 유인원에서 진화한 동물이 아닙니다. 그는 처음부터 인간이었으며, 거기에 뿌리가 있고 역사가 있습니다. 세상과 인간의 기원을 설명하는 창세기에서 배울 수 있는 중요한 진리가 그것입니다. 그것은 먼 옛날 발생했다가 끝난 이야기가 아니라 오늘날 여전히 진행되고 있는 인간 역사를 보여줍니다. 최초의 아담은 자기를 부인해야 하는 존재로 만들어지지 않았습니다. 하나님께서 세상과 사람을 지으셨을 때 그 최초의 상태는 하나님께서 기뻐하고 만족할 만한 상태였습니다. 그럴 수 밖에 없습니다. 전능하고 가장 지혜로운 하나님이 손수 만드신 세상과 사람이 스스로를 부인해야 하는 존재가 될 수는 없는 일입니다. 그러므로 우리는 지금 인간의 상태가 원래 인간의 상태였다고 생각하면 안됩니다. 그것은 인간은 원래 비정상적이었다고 말하는 셈이고, 그것은 사람을 만드신 하나님께 대한 모욕입니다. 하나님께서 최초에 지으신 사람은 절대로 그런 사람이 아니었습니다. 그것이 창세기 1-2장에 잘 나타나 있습니다.

그러다가 3장에서 사람이 죄를 범합니다. 거기서 발생하는 것이 아담과 하와의 뜻과 하나님의 뜻의 충돌입니다. 하나님의 뜻을 거스리고자 하는 유혹이 뱀에 의해서 하와의 마음에 일어났을 때 하와가 그 유혹을 부인했다면 그녀는 자기를 부인해야 하는 지경에 떨어지지 않아도 되었습니다. 그런데 그러지 못한 것입니다. 아담과 하와가 타락하여 에덴에서 추방 당한 이래로 발전한 인간의 역사는 인류가 부인되어야 하는 지경에 처했음을 보여 줍니다. 이와 같이 창세기의 이야기가 보여주는 진리는, 사람은 원래 자기를 부인해야 하는 존재가 아니었는데, 하나님의 뜻을 부인함으로 말미암아 이제 자기를 부인하지 않으면 영원히 멸망 당할 수 밖에 없는 존재로 타락했다는 사실입니다.

이것이 하나님께서 인간에게 하시는 말씀입니다. 사람은 자기를 생각할 때에 원래의 아주 좋은 자리에서 떨어진 존재라고 생각해야 합니다. 지금 자기의 처지가 정상적이고 행복한 것이 아님을 알아야 합니다. 자신이 처해 있는 상태는 죄와 질병과 죽음과 불의의 지배를 받는 상태입니다. 그 상태를 부인하지 않고 시인하고 고집하면 그런 상태에서 영원히 존재하게 됩니다. 하나님께서는 인류에게 그렇게 되지 말라고 말씀하십니다. 하나님께서는 자신이 지으신 피조물이 그런 비정상적이고 악한 상태에서 신음하다가 그 고통 속에서 영원히 존재하는 것을 원치 않으시고 불쌍히 여기셨습니다. 그래서 자기 아들을 보내어 십자가에 달리게 하신 것입니다. 가이사랴 빌립보에서 주님은 그 십자가를 말씀하시는데 제자들은 사람의 일을 생각하면서 십자가를 막음으로 하나님의 구원의 일을 막으려 한 셈입니다. 왜 사람이 반드시 자기를 부인해야 하는지, 자기를 부인하지 않는 것이 얼마나 두려운 일인지 알 수 있습니다.

15
지속적 자기 부인이 필요한 이생의 상태

13 형제들아 너희가 자유를 위하여 부르심을 입었으나 그러나 그 자유로 육체의 기회를 삼지 말고 오직 사랑으로 서로 종 노릇 하라 14 온 율법은 네 이웃 사랑하기를 네 자신 같이 하라 하신 한 말씀에서 이루어졌나니 15 만일 서로 물고 먹으면 피차 멸망할까 조심하라 16 내가 이르노니 너희는 성령을 따라 행하라 그리하면 육체의 욕심을 이루지 아니하리라 17 육체의 소욕은 성령을 거스르고 성령은 육체를 거스르나니 이 둘이 서로 대적함으로 너희가 원하는 것을 하지 못하게 하려 함이니라 18 너희가 만일 성령의 인도하시는 바가 되면 율법 아래에 있지 아니하리라 19 육체의 일은 분명하니 곧 음행과 더러운 것과 호색과 20 우상 숭배와 주술과 원수 맺는 것과 분쟁과 시기와 분냄과 당 짓는 것과 분열함과 이단과 21 투기와 술 취함과 방탕함과 또 그와 같은 것들이라 전에 너희에게 경계한 것 같이 경계하노니 이런 일을 하는 자들은 하나님의 나라를 유업으로 받지 못할 것이요 22 오직 성령의 열매는 사랑과 희락과 화평과 오래 참음과 자비와 양선과 충성과 23 온유와 절제니 이같은 것을 금지할 법이 없느니라 24 그리스도 예수의 사람들은 육체와 함께 그 정욕과 탐심을 십자가에 못 박았느니라 25 만일 우리가 성령으로 살면 또한 성령으로 행할지니 26 헛된 영광을 구하여 서로 노엽게 하거나 서로 투기하지 말지니라 (갈 5:13-26)

자기 부인은 자기 십자가를 지는 것과 함께 신자의 생활의 기본 원리입니다. 이는 자기를 부인하고 자기 십자가를 지는 것이 주님을 따르는 삶의 조건인 까닭입니다. 재론의 여지가 없이 명확한 말이지만, 신자로 산다는 것은 그리스도의 사람이 되는 것이고, 그리스도의 사람이 된다는 것은 그리스도를 따라가면서 그에게서 배우고 교훈을 받아서 산다는 것입니다. 그런데 이 생활을 하려면 자기를 부인하고 자기 십자가를 져야 한다는 뜻입니다. 이렇게 하지 않으면 주님을 따르지 못하고 결국 구원에 이르지 못합니다.

자기부인이라는 것은 한번으로 끝나는 것이 아니라 평생 동안 지속되어야 합니다. 다른 말로 하면 신자는 자기를 부인하는 상태에 있으면서 지속적으로 자기의 뜻을 꺾고 하나님의 뜻을 취하는 생활 가운데 있어야 한다는 것입니다. 그것이 중생한 신자의 생활입니다. 중생한 신자라도 여전히 스스로를 부인하는 일에 힘써야 한다는 뜻인데, 이 문제에 대해 살펴보겠습니다.

가장 먼저 생각할 문제는 중생의 생명이 나타나는 두 개의 단계가 있다는 사실입니다. 첫째 단계는 우리가 이 몸을 입고 사는 현세의 상태 속에서 중생의 생명이 나타나는 것이고, 둘째 단계는 우리가 이 몸을 벗고 부활의 몸을 입는 상태입니다. 중생의 생명은 이렇게 두 단계 속에서 발휘됩니다. 생명은 동일한 생명이지만 그 생명을 가지고 사는 환경이 다릅니다.

중생한 신자의 삶이 이렇게 두 단계에 걸쳐 있다는 사실을 그리스도에게서 배울 수 있습니다.[75] 예수 그리스도의 생활의 두 가지 상태가 있는데 육신으로 존재하는 것과 성결의 영으로 존재하는 것입니다. 육신으로는 다윗의 가문에서 사람으로 태어나셨습니다. 부활 이전까지 그리스도께서는 이 상태 속에 계셨습니다. 그리스도는 완전한 사람이셨습니다. 그러나 죄는 없었습니다. 이 상태에서 그리스도께서는 인간의 모든 연약을 그대로 지고 계셨습니다. 음식을 섭취하지 않으면 굶주려 힘이 없고 식욕을 느끼셨습니다.[76] 광야에서 마귀가 예수님께 돌로 떡을 만들어 먹으라고 제안했는데, 이 제안이 유혹이 된 것은 예수님의 굶주림이 식욕을 일으켰기 때문입니다. 만약 그렇지 않았다면 그것이 유혹이 되었을 리가 없습니다. 십자가에 달려 몸에서 진이 빠져나갈 때 그리스도께서는 심한 갈증을 느끼셨습니다. 그래서 그 고통 속에서 갈증을 호소하셨습니다.[77] 채찍으로 맞을 때에는 모든 사람이 느끼는 통증을 느꼈고, 사람들 앞에서 발가벗겨질 때에는 수치를 느꼈습니다. 그리고 마침내 그 생명은 죽음으로 종국을 맞았습니다. 십자가에서 그리스도께서 죽으신 죽음은 실제 죽음이었지 쇼가 아니었습니다.

---

75) 1 예수 그리스도의 종 바울은 사도로 부르심을 받아 하나님의 복음을 위하여 택정함을 입었으니 2 이 복음은 하나님이 선지자들을 통하여 그의 아들에 관하여 성경에 미리 약속하신 것이라 3 그의 아들에 관하여 말하면 육신으로는 다윗의 혈통에서 나셨고 4 성결의 영으로는 죽은 자들 가운데서 부활하사 능력으로 하나님의 아들로 선포되셨으니 곧 우리 주 예수 그리스도시니라 (롬 1:1-4).

76) 2 사십 일을 밤낮으로 금식하신 후에 주리신지라 (마 4:2).

77) 29 그 후에 예수께서 모든 일이 이미 이루어진 줄 아시고 성경을 응하게 하려 하사 이르시되 내가 목마르다 하시니 (요 19:29).

십자가를 앞두고 올린 겟세마네의 기도에서 하나님의 뜻이면 십자가를 피하게 해달라고 하신 말씀은 그리스도가 완전한 인간이라는 또 다른 증거입니다.[78] 그리스도는 십자가를 대하면서 '이거 아무 것도 아니다, 이쯤이야 뭐가 대수냐' 하고 가벼운 마음으로 십자가를 지신 것이 아니었습니다. 십자가의 죽음을 앞에 두고 그리스도께서는 그 일을 앞에 둔 인간이라면 누구나가 느꼈을 번민과 가능하면 피하고자 하는 마음을 느꼈습니다. 그것은 사람이라면 누구나 가지는 느낌이지 죄가 아니었습니다. 범죄하기 이전, 시원적인 의를 가진 아담이라도 그런 고통을 자기가 당해야 했다면 당연히 피하고자 했을 것입니다. 물론 십자가를 앞둔 그리스도께서 느끼신 번민은 로마 시대에 십자가에 달렸던 다른 사람들이 느꼈던 것과는 달랐습니다. 그리스도께서 십자가에서 당할 고통은 보통 사람의 육신의 고통이 아니라 인류의 죄에 대한 하나님의 진노를 담당하는 것이었으므로 그 고통은 사람이 말로 못할 뿐 아니라 상상도 못하는 것입니다. 그 십자가를 앞두고 번민하시는 모습은 가장 자연스러운 사람의 모습입니다.

그러나 부활하신 그리스도의 몸은 전혀 다른 몸이었습니다. 마리아와 엠마오의 제자들이 눈으로 보면서도 전혀 알아보지 못했습니다.[79] 제자들이 문을 닫고 방에 모여 있는데 그리스도께서 문을 두드

---

78) 42 이르시되 아버지여 만일 아버지의 뜻이거든 이 잔을 내게서 옮기시옵소서 그러나 내 원대로 마시옵고 아버지의 원대로 되기를 원하나이다 하시니 (눅 22:42).
79) 15 그들이 서로 이야기하며 문의할 때에 예수께서 가까이 이르러 그들과 동행

리고 열고 들어와서 닫는 절차 없이 그냥 그들 가운데 홀연히 나타나셨습니다.[80] 그러니까 제자들이 유령인가 하고 두려워했습니다. 그 몸은 지금까지 어떤 인간도 입어본 적이 없는 신비한 몸이었던 것입니다. 그리스도는 그 몸을 입고 40일 동안 제자들에게 나타나셔서 하나님 나라의 일을 가르치셨고, 그 몸으로 승천하셨으며, 지금 그 몸을 입은 상태에서 하나님 보좌 우편에 앉아서 하늘과 땅의 권세를 쥐고 천하를 통치하십니다.[81] 그리스도께서 가지신 생명은 부활의 몸을 입기 이전 인간의 몸을 입고 계실 때의 것과 같은 생명입니다. 그러나 그 생명이 서로 다른 두 단계를 거쳤습니다. 하나는 부활 이전에 인간의 몸을 입고 계셨을 때의 생명의 발휘이고 다른 하나는 부활의 몸을 입으셨을 때의 생명의 발휘입니다. 그것이 로마서 1:3-4에서 '육신으로는, 성결의 영으로는'이라는 두 가지 단계로 표시된 것입니다. 그리스도께서 이런 단계를 거치신 것은 그리스도에게 연합된 중생한 하나님의 백성을 위한 것입니다. 그가 대표로 먼저 그 일을 겪으셨습니다.

그런데 중생한 신자도 이와 유사하게 두 단계의 생명을 경험합니다. 그의 중생의 생명이 이 세상에서 나타날 때에는 인간의 연약 속에

하시나 16 그들의 눈이 가리어져서 그인 줄 알아보지 못하거늘 (눅 24:15-16).
80) 19 이 날 곧 안식 후 첫날 저녁 때에 제자들이 유대인들을 두려워하여 모인 곳의 문들을 닫았더니 예수께서 오사 가운데 서서 이르시되 너희에게 평강이 있을지어다 (요 20:19).
81) 18 예수께서 나아와 말씀하여 이르시되 하늘과 땅의 모든 권세를 내게 주셨으니 (마 28:18).

서 나타납니다. 마치 그리스도의 완전한 생명이 인간의 몸 속에서 모든 연약을 짊어지고 나타난 것과 유사합니다. 그러나 신자가 이 몸을 벗는 날 그의 중생의 생명도 연약이 없이 가장 완전하고 영광스러운 모습으로 나타납니다. 마치 그리스도의 부활한 몸이 더 이상 배고픔이나 목마름이나 병의 질고를 지지 않는 것과 마찬가지입니다. 이렇게 해서 신자는 그리스도에게 연합함으로 말미암아 마침내 영광의 정점에 도달합니다.

그러나 지상에 있는 신자는 그 영광의 날에 아직 도달하지 못했습니다. 그 날은 신자에게 아직 소망으로 있습니다. 그러나 소망이 단순한 희망 사항이거나 헛된 망상이 아니라 확실히 이루어진다는 보장이 있습니다. 그 보장이 바로 신자가 받은 성신님입니다.[82] 성신님께서는 그 완성의 날에 신자에게서 이루어질 일을 두 가지 방식으로 보장하십니다. 첫째 중생의 새로운 생명을 주심으로 신자로 하여금 완성된 생명을 미리 경험하게 하십니다. 곧 중생이 가져다 주는 씻음과 새롭게 됨과 같은 신령한 경험들입니다. 그것을 중생을 상고할 때에 보았습니다. 다음으로는 성신께서 친히 신자의 마음 속에 역사하여 그 사실을 확신할 수 있게 하십니다.[83] 마치 성신님께서 신자의 영혼 속에서 그가 하나님의 자녀인 것을 친히 증거해 주시는 것과 같습

---

82) 13 그 안에서 너희도 진리의 말씀 곧 너희의 구원의 복음을 듣고 그 안에서 또한 믿어 약속의 성령으로 인치심을 받았으니 14 이는 우리 기업의 보증이 되사 그 얻으신 것을 속량하시고 그의 영광을 찬송하게 하려 하심이라 (엡 1:13-14).

83) 16 성령이 친히 우리의 영과 더불어 우리가 하나님의 자녀인 것을 증언하시나니 (롬 8:16).

니다. 그래서 신자는 요지부동한 확신을 가지고 신앙의 길을 갈 수 있습니다. 주관적으로 자기가 경험으로 확증하는 것이 있고, 성신께서 그의 영혼에 친히 가르쳐 주시는 사실이 있습니다. 이와 같이 신자의 중생의 생명은 두 단계를 거쳐서 나타납니다. 하나는 인간의 연약 속에서 나타나고 다른 하나는 연약을 벗은 부활한 몸의 완전한 영광 속에서 나타납니다.

이제 현재의 연약 가운데서 나타나는 중생의 생명의 모습에 대해서 보겠습니다. 그것이 현재 우리의 모습인 까닭입니다. 이미 분명하게 보았지만 지금 우리가 경험하는 중생의 생명은 본래의 영광스러운 모습으로 나타나지 않습니다. 그것은 우리가 가진 중생의 생명에 부족이 있거나 흠이 있어서 그러한 것이 아닙니다. 우리가 받아 가지고 있는 생명은 찬란한 그리스도의 생명이고 영광스러운 생명입니다. 하지만 우리가 지금 살고 있는 이 세상에서는 그 생명이 원래의 영광스러운 모습으로 나타나지 않습니다. 마치 그리스도께서 부활하시기 이전에 지상에 계실 때에 모든 연약을 지고 사신 것과 같습니다.

하지만 연약 속에서라도 그리스도의 생명이 영광스럽지 않은 것이 아니었습니다. 예를 들면, 변화산상에서 그리스도께서는 세 명의 제자 앞에서 자신의 참된 영광을 드러내심으로 그들로 믿게 하셨습니다.[84] 마지막 잡히시던 밤에 유대인들이 검과 몽치를 들고 그리스도

---

[84] 29 기도하실 때에 용모가 변화되고 그 옷이 희어져 광채가 나더라 30 문득 두 사람이 예수와 함께 말하니 이는 모세와 엘리야라 (눅 9:29-30).

를 잡으러 왔을 때도 함부로 주님의 몸에 손을 대지 못했습니다.[85] 그 때에라도 그리스도께서 자신의 영광을 그대로 드러냈더라면 로마 황제라도 그 앞에 엎드려져 감히 눈도 들지 못했을 것입니다. 그러나 그렇게 하지 않으신 것은 십자가를 지시고 우리를 구원하기 위함이었습니다. 이와 같이 신자도 비록 이 세상에서 사는 동안에는 그가 받은 중생의 생명의 영광이 드러나지 않고 감춰져 있지만, 그리스도께서 부활하신 후에는 그 영광을 그대로 드러내셨듯이 신자도 새로운 몸을 입은 후에는 그 생명의 영광이 찬란한 광채를 그대로 드러낼 것입니다. 그것을 막는 모든 조건이 사라진 까닭입니다. 하지만 지금 우리의 삶의 조건은 그렇지 않습니다. 그래서 그 영광이 온전히 드러나지 않고 감춰져 있습니다.

그런데 현세의 생명에서는 중생의 생명의 영광이 감춰져 있을 뿐만 아니라, 그 생명의 영광스러운 생활을 방해하는 요소들이 작용합니다. 예를 들면 베드로의 경우, 그가 중생한 것이 분명하지만 어느 순간 그리스도의 뜻에 대항하는 것과 유사합니다.[86] 혹은 구약의 다윗 같은 인물도 중생한 것이 분명하지만 때로 상상할 수 없는 죄악에 빠

---

85) 4 예수께서 그 당할 일을 다 아시고 나아가 이르시되 너희가 누구를 찾느냐 5 대답하되 나사렛 예수라 하거늘 이르시되 내가 그니라 하시니라 그를 파는 유다도 그들과 함께 섰더라 6 예수께서 그들에게 내가 그니라 하실 때에 그들이 물러가서 땅에 엎드러지는지라 (요 18:4-6).

86) 22 베드로가 예수를 붙들고 항변하여 이르되 주여 그리 마옵소서 이 일이 결코 주께 미치지 아니하리이다 23 예수께서 돌이키시며 베드로에게 이르시되 사탄아 내 뒤로 물러 가라 너는 나를 넘어지게 하는 자로다 네가 하나님의 일을 생각하지 아니하고 도리어 사람의 일을 생각하는도다 하시고 (마 16:22-23).

지기도 합니다.[87] 즉 자기의 뜻을 가지고 하나님의 뜻을 대적하는 연약이 사람에게 있습니다. 그것은 내부에도 있고 외부에도 있습니다. 이 적들이 힘을 모아 구원 받은 신자라도 공격하는 까닭에 신자는 중생의 생명의 발휘를 막는 이 세력들에 대항하여 전투를 벌여야 합니다. 신자가 지속적으로 자기를 부인하는 삶에 집중해야 하는 이유가 거기에 있습니다.

중생의 생명의 드러남을 막는 세 개의 방해 세력들이 작용하는데, 마귀와 이 세상과 옛 사람입니다. 마귀가 그 모든 공격의 배후 세력입니다. 그가 세상과 옛 사람을 사용하여 중생한 신자를 공격합니다. 그 공격은 매우 극렬합니다.[88] 이것은 사자가 사냥감을 찾아 다니는 무시무시한 모습을 연상시킵니다. 동물의 왕국이라는 텔레비전 프로그램에 보면 사자가 먹이를 사냥하는 모습을 자주 보여줍니다. 바람의 방향 같은 것을 다 계산하여 극히 몸을 낮추고 은밀하게 먹이감에게 접근합니다. 그것도 한 두 마리가 아니라 몇 마리가 짝을 이뤄 지능적으로 공격합니다. 먹잇감을 이러저리 몰다가 그 중 연약하고 몸이 빠르지 못한 놈을 집중적으로 공격합니다. 일단 공격을 시작하면 무서운 집중력과 스피드로 먹이에게 달려 들어 단숨에 제압해 버립니다. 이것이 사자가 먹잇감을 공격하는 방법입니다. 성경은 그런 모

---

87) 유부녀인 밧세바를 취하기 위해 남편인 우리아를 죽이기까지 한 이야기. 사무엘하 11-12장에 있음.
88) 8 근신하라 깨어라 너희 대적 마귀가 우는 사자 같이 두루 다니며 삼킬 자를 찾나니 (벧전 5:8).

습을 그리고 있습니다. 우리는 이 공격이 얼마나 은밀하고 무서운지를 성경에서 배웁니다. 그 공격의 교묘함 때문에 죄를 범한 적이 없이 시원적인 의를 가진 하와와 아담도 그 덫에 걸려 멸망으로 떨어져 버린 것입니다. 이 마귀는 그 이후로 죽지도 않고 동일한 교묘함으로 지금도 하나님의 백성을 공격하고 있습니다.

하나님의 말씀은 마귀가 사용하는 공격의 도구가 어떤 것임을 분명히 보여주므로 신자는 그것에 대항해서 싸울 수 있습니다.[89] 성경에서 세상이란 여러 가지 뜻을 가지지만, 특별히 요한일서 2:15-17에서 말하는 신자를 공격하는 도구가 되는 세상이라는 것은 타락한 인류가 만들어 놓은 이 세상의 화려한 것들과 행복과 쾌락으로 보이는 것들입니다.

이런 것들이 신자에게 유혹으로 작용하는 과정을 보겠습니다. 하나님께서 사람을 지으실 때에 사람에게 향상을 향한 욕구를 넣어 주셨습니다. 사람이 하나님과 지속적으로 교제하기 위해서는 이 향상을 향한 욕구를 가지고 지속적으로 향상해 가야 합니다. 왜냐하면 사람이 경험하는 하나님은 항상 새롭고 항상 향상하는 하나님인 까닭입니다. 하나님은 영원한 창조주이고 사람은 유한한 피조물이므로 사람에게 하나님은 항상 신비하고 새로운 분일 수 밖에 없습니다.

---

[89] 15 이 세상이나 세상에 있는 것들을 사랑하지 말라 누구든지 세상을 사랑하면 아버지의 사랑이 그 안에 있지 아니하니 16 이는 세상에 있는 모든 것이 육신의 정욕과 안목의 정욕과 이생의 자랑이니 다 아버지께로부터 온 것이 아니요 세상으로부터 온 것이라 17 이 세상도, 그 정욕도 지나가되 오직 하나님의 뜻을 행하는 자는 영원히 거하느니라 (요일 2:15-17).

사람이 하나님을 다 알아버려서 더 이상 새로울 것이 없이 되는 일이란 없습니다. 여기에 사람이 하나님과 맺는 관계의 특성이 있습니다. 하나님은 언제나 새로운 일, 더 놀라운 일들로 사람에게 찾아오시는 분입니다. 그래서 사람은 항상 하나님 앞에서 놀라고 감탄하고 감사하게 됩니다. 하나님을 사랑하고 깊은 교제 가운데 들어가면 갈수록 하나님은 더욱 놀라운 분이 됩니다. 이것이 사람이 사람과 맺는 관계와 사람이 하나님과 맺는 관계의 큰 차이입니다. 이 세상에서도 신앙생활이 성장 속에서 신선함을 맛보고, 이 몸을 벗은 후에 영원한 나라에서 하나님과 맺는 교제가 늘 새롭고 영원히 행복할 수 있는 이유가 이것입니다. 만약 그렇지 않다면 천국은 지옥이 됩니다. 아무 걱정도 없고 아무 새로운 것도 없이 영원히 살아야 한다면 영원한 권태 이외에 무엇이 있겠습니까?

그런데 사람이 하나님과의 이런 교제를 충만하게 누리려면 그에게 향상에 대한 욕구가 있어야 합니다. 동물에게는 향상의 욕구가 없습니다. 자기가 지금 존재하고 있는 상태에서 생명을 위한 본능적인 욕구가 만족되면 그것으로 끝입니다. 개는 더 좋은 집을 지으려 노력하지 않습니다. 사자는 배가 부르면 뭔가 예술적인 성취를 위해서 노력하지 않습니다. 사자는 자기가 잡아 먹은 먹이의 뼈를 깎아서 목걸이를 만들지 않습니다. 배가 부르면 다른 먹이를 사냥할 때까지 늘어지게 잘 뿐입니다. 그런데 사람은 절대 그렇게 되지 않습니다. 사람은 언제나 뭔가 새로운 것을 추구합니다. 새로운 것에 도달하면 거기서 만족하지 않고 그 다음 단계의 무엇인가를 또 추구해 나갑니다. 자기 생활에 대해서도 무엇인가 더 나은 생활을 향해서 나아갑니다. 지식에 있어서도 지금의 지식으로 만족하지 않습니다. 무엇인가 새로운 것을 배우려고 노력합니다. 이 향상을 향한 욕구, 새로움을 향한 추구는 인간의 본능입니다. 그래서 인간만이 다른 동물이 이루지 못하는 문화적 발전을 이루는 것입니다. 그런데 위에서 보았듯이 인간에게 이것이 필요한 이유는 그가 하나님의 형상으로 지음을 받았고, 하나님과 영원히 교통하면서 행복을 누려야 하는 까닭입니다. 미래를 향해서 미지의 세계에 발을 내딛고야 마는 사람만이 하나님을 온전히 즐길 수 있습니다.

그런데 바로 이 욕구를 마귀가 이용합니다. 에덴에서 하와가 타락할 때에 마귀가 사용한 것이 하와 안에 있는 이 향상의 욕구였습니다. 하나님께서는 아담과 하와에게 선악을 알게 하는 나무와 생명나무를 보여주심으로 선악을 알게 하는 나무를 통한 시험을 통과하면 영원한 생명을 주시겠다고 말씀하셨습니다. 그러면서 아담과 하와에게 그 영원한 생명을 추구하는 마음을 주셨습니다. 즉 에덴의 상태로 만족하지 않고 더 높은 생명 곧 영원하고 영광스러운 하나님의 생명에 도달하여 하나님의 가족이 되라 하신 것입니다. 뱀의 전략은 그 상태에 도달하려면 선악과를 먹어야 한다고 말한 것입니다. 만약 하와가 향상하고픈 마음이 없이 현재의 상태로 그대로 만족해 버린다면 뱀의 유혹이 힘을 잃을 것입니다. 뱀이 아무리 유혹하려 해도 '냅둬유' 하고 앉아 있었다면 유혹이 먹힐 이유가 없습니다. 그러나 하와의 마음에 향상하고자 하는 욕구가 있었으니까 유혹이 힘을 발휘한 것입니다. 그 향상의 마음을 기본 조건으로 하고, 뱀이 말한 것은 방법론입니다. 즉 하나님이 정하신 방법이 아닌 다른 방법으로 거기에 도달하라고 제안한 것입니다. 그것이 문제입니다. 하나님은 그 나무의 열매를 먹지 않아야 거기에 도달한다고 하셨으나 뱀은 그 나무의 열매를 먹어야 도달한다고 한 것입니다. 지금의 상태보다 높은 상태에 도달해야 하는 것은 기본이고, 거기에 어떻게 도달하느냐 하는 방법이 관건이었습니다.

에덴에서 발생한 이 일은 그 이후 모든 인류가 당하는 시험과 죄악의 근원이 되었습니다. 하나님께서는 사람을 사랑하셔서 그들에게 영원한 복을 주려 하십니다. 단, 그 복에 도달하는 방법은 하나님이 정하십니다. 그런데 사람은 자기가 생각한 방법으로 거기에 도달하려 합니다. 그래서 거기에 하나님의 뜻과 사람의 뜻의 충돌이 일어납니다. 이것이 신자에게서도 왕왕 발생합니다. 하나님께서 정하신 복된 곳에 도달하려는 진정한 마음이 있는 신자들이라 할지라도 방법론이 다르면 충돌이 일어납니다. 그것은 무엇이 하나님의 뜻인가 하는 문제에 대한 생각이 다른 것입니다. 그것은 불신자와 신자의 충돌이 아니라 신자 사이의 충돌입니다. 신자 사이에서도 이런 충돌이 일어난다면 하나님과 신자 사이에서는 얼마나 더 많은 충돌이 일어나겠습니까? 바로 이런 문제 때문에 신자는 자기 부인을 신앙 생활의 원칙으로 삼아야 합니다.

바로 이런 문제에 대한 해법이 갈라디아서 5:16에 등장합니다.[90] 사람은 하나님을 따른다 하면서도 자주 육신을 따라 행하기 쉽습니다. 왜냐하면 육신이 추구하는 것이 반드시 악한 것만이 아니기 때문입니다. 사람은 지극히 육신적인 동기로 선한 것을 추구하기도 합니다. 예를 들어서 빌립보서에 보면 사도 바울에게 고통을 더하기 위해서 더욱 열심히 복음을 전한 사람이 등장합니다.[91] 참으로 아이러니가 아닐 수 없습니다. 복음 전파 자체는 선한 일이지만 그것에 집중하게 하는 동기가 지극히 육신적이었습니다.

갈라디아서 5:13-26은 육신을 따라 행하지 말고 성신을 따라 행하라고 명합니다. 자기의 옳다 하는 바에 따라 행하는 것이 아니라 성신을 의지하여 그 뜻을 배워서 한발을 내디뎌야 합니다. 중생한 신자는 하나님의 뜻을 이루며 하나님께 더욱 가까이 가려는 소원을 가집니다. 신앙의 성장을 원합니다. 그것이 전부 선하고 옳은 목표입니다. 하지만 그 동기가 의외로 육신적일 수 있습니다. 세상에서 성공하고픈 욕망을 교회 내에서 받는 인정으로 대체하려는 욕망을 은밀히 가질 수 있습니다. 내가 세상에서는 성공하지 못하지만 교회에서라도

---

90) 16 내가 이르노니 너희는 성령을 따라 행하라 그리하면 육체의 욕심을 이루지 아니하리라 (갈 5:16).

91) 15 어떤 이들은 투기와 분쟁으로, 어떤 이들은 착한 뜻으로 그리스도를 전파하나니 16 이들은 내가 복음을 변증하기 위하여 세우심을 받은 줄 알고 사랑으로 하나 17 그들은 나의 매임에 괴로움을 더하게 할 줄로 생각하여 순수하지 못하게 다툼으로 그리스도를 전파하느니라 (빌 1:15-17).

성공해야 한다는 생각을 자기도 모르게 가질 수 있습니다. 이런 상태에서 신앙에 정진한다면 이는 육신을 의지하여 선한 결과에 도달하겠다는 생각인데 이런 것들이 자기 부인의 문제와 연결됩니다. 하나님께서는 사람이 더 높은 곳으로 올라가기를 원하시며 이 향상이 영원히 지속되기를 원하십니다. 그리고 어떻게 하면 그렇게 되는지를 친히 가르쳐 주셨습니다. 그런데 마귀는 하나님께서 정하신 뜻이 아닌 사람의 뜻으로 거기에 도달하라고 유혹합니다. 신자는 평생 이런 유혹을 받기 때문에 자기를 부인하는 것이 필요합니다, 그래서 자기 부인은 궁극적으로 마귀와의 싸움입니다. 마귀의 공격이 극렬한 만큼 이 싸움도 극렬해지지 않을 수 없습니다. 거기에는 인내가 필요하지만 그 열매는 영생과 영원한 즐거움입니다.

16
자기 십자가를 짐(1)

25 수많은 무리가 함께 갈새 예수께서 돌이키사 이르시되 26 무릇 내게 오는 자가 자기 부모와 처자와 형제와 자매와 더욱이 자기 목숨까지 미워하지 아니하면 능히 내 제자가 되지 못하고 27 누구든지 자기 십자가를 지고 나를 따르지 않는 자도 능히 내 제자가 되지 못하리라 28 너희 중의 누가 망대를 세우고자 할진대 자기의 가진 것이 준공하기까지에 족할는지 먼저 앉아 그 비용을 계산하지 아니하겠느냐 29 그렇게 아니하여 그 기초만 쌓고 능히 이루지 못하면 보는 자가 다 비웃어 30 이르되 이 사람이 공사를 시작하고 능히 이루지 못하였다 하리라 31 또 어떤 임금이 다른 임금과 싸우러 갈 때에 먼저 앉아 일만 명으로써 저 이만 명을 거느리고 오는 자를 대적할 수 있을까 헤아리지 아니하겠느냐 32 만일 못할 터이면 그가 아직 멀리 있을 때에 사신을 보내어 화친을 청할지니라 33 이와 같이 너희 중의 누구든지 자기의 모든 소유를 버리지 아니하면 능히 내 제자가 되지 못하리라 34 소금이 좋은 것이나 소금도 만일 그 맛을 잃으면 무엇으로 짜게 하리요 35 땅에도, 거름에도 쓸 데 없어 내버리느니라 들을 귀가 있는 자는 들을지어다 하시니라 (눅 14:25-35)

서론

자기 십자가를 지고 주님을 따른다는 진리에 대해 보겠습니다. 자기를 부인한다는 것과 자기 십자가를 진다는 것은 서로 다른 진리가 아니라 동일한 진리의 양면을 가리킵니다. 핵심은 주님을 따르기 위해서 어떤 조건을 만족시켜야 하느냐의 문제입니다. 자기 부인이 부정적인 혹은 소극적인 면을 말하는 것이라면 자기 십자가를 지는 것은 적극적인 면을 말한다고 할 수 있습니다. 자기 부인이 무엇을 하지 말아야 하는 것을 가르친다면, 자기 십자가를 지는 것은 적극적으로 무엇을 하는 것을 말합니다. 자기 부인이 자기의 생각을 고집하지 않고 버리는 것이라면, 자기 십자가를 진다는 말은 주님께서 지게 하시는 십자가를 적극적으로 지고 나가는 것입니다. 이와 같이 주님을 따라가기 위해서는 두 가지 요소가 필요합니다.

비유컨대 죄를 범하지 않는다는 문제와도 연결시켜서 생각할 수 있습니다. 율법의 가르침으로 볼 때 죄란 두 가지 요소를 가지고 있습니다. 하나는 무엇 무엇을 하지 말라는 금령으로 되어 있고, 다른 하나는 무엇 무엇을 해야 한다는 의무의 부과로 되어 있습니다. 예를 들어서 우상을 만들지 말라는 명령은 금령입니다. 어떤 일을 하지 말라는 것입니다. 하지 말라고 명하는 그 행동을 하면 그것은 죄를 구성합니다. 그래서 하나님께서 '너는 죄를 지었다' 하고 선언하십니다. 정죄를 받는 것입니다. 그러므로 하나님께서 하지 말라고 명령하시는 일은 하지 말아야 합니다. 그러나 율법에는 또한 무엇을 하라는 명령이 있습니다. 예를 들어서 안식일을 기억하여 거룩히 지키라든지, 네 부모를 공경하라는 명령이 있습니다. 율법의 다른 부분에도 무엇을 하라는 명령이 많이 있습니다. 이렇게 하라는 명령은 우리에게 의무가 됩니다. 만약 그 의무를 행하지 않으면 그것도 역시 동일하게 죄가 됩니다. 의무를 게을리하면 하나님께서 우리에게 '너는 죄를 범했다' 하고 선언하십니다.

이와 같이 자기를 부인하라는 명령은 적극적인 명령이라기보다는 소극적인 명령입니다. 즉 무엇을 하지 말라는 말입니다. 부인하라는 말은 자기를 시인하지 말라는 말입니다. 자신의 이전의 삶 전체에 대해서, 자기가 추구하던 것에 대해서, 자기가 원하던 모든 것에 대해서, '아니요'라고 말하라는 것입니다. 그것을 완전히 포기하고 이제 자기를 향한 하나님의 뜻이 무엇이 되었든지 그대로 하겠다는 결심을 하는 것입니다. 이런 의미에서 자기 부인은 '아니요'라고 말하는 것입니다. 그 다음이 무엇이냐 하는 것은 그 안에 아직 없습니다. '아니요'라고 말한 다음에 무엇이 따라 오느냐 하면 바로 십자가가 따라 옵니다. 곧 그가 적극적으로 하는 행동이 무엇이냐 하면 십자가를 지고 주님에게 가서 배우고 주님의 뒤를 따르는 것입니다. 이것 역시 하나님의 명령입니다. 자기를 부인하고서 다 포기하고 가만히 있으면 되는 것이 아닙니다. 그것은 하지 말라는 명령에 대한 순종입니다. 하지 말라는 명령에 순종했으면 다음에는 하라는 명령에 순종해야 합니다. 그것이 십자가를 지고 주님을 따르는 것입니다. 이것이 신자가 평생 하는 일입니다.

본문 검토

자기 십자가를 진다는 표현은 우선 가이사랴 빌립보 지방에서 벌어진 일에 대한 세 복음서의 기록에 동일하게 등장합니다(마 16:24; 막 8:34; 눅 9:23). 누구든지 주님을 따르려거든 자기를 부인하고 자기 십자가를 지고 따라야 한다는 것입니다. 우리는 앞에서 자기 부인의 요구가 어떤 문맥에서 등장했는지를 보았습니다. 바로 주님 자신이 십자가를 지는 문제였습니다. 주님이 십자가를 지는 것이 하나님의 뜻이었지만 제자들의 뜻은 그것에 저항했습니다. 그러므로 이 문맥에서 자기 부인은 주님이 십자가를 지지 말아야 한다는 자기의 뜻을 부인하는 것입니다. 자기 부인이란 궁극적으로 자기의 뜻과 하나님의 뜻이 대립될 때에 자기의 뜻을 꺾고 하나님의 뜻을 따르는 것임을 보았습니다. 왜 그렇게 해야 하는가? 이 본문에 나타나 있는 것처럼 하나님의 뜻을 따르면 구원이지만 자기의 뜻을 따르면 멸망이기 때문입니다. 자기 부인이 구원과 직접 연결된다는 것이 드러납니다.

자기 십자가를 지고 주님을 따른다는 표현도 이 문맥에서 함께 등장합니다. 이 장면에서 주님은 자신이 죽어야 한다는 것을 가르치셨습니다. 그 죽음은 물론 십자가의 죽음이었습니다. 그러므로 제자들이 주님을 따라 갔을 때 자기 앞에 펼쳐지는 광경은 십자가 위에서 죽는 주님의 모습이었습니다. 당시에 주님께서 향해 가시는 곳이 거기였습니다. 그렇다면 주님을 따르는 사람들도 당연히 그 길을 갈 각오를 해야 합니다. 그것이 지금 이 문맥에서 주님께서 하시는 말씀입니다. 주님이 십자가를 지고 죽으러 예루살렘으로 올라가고 있으니, 만약 주님을 정말로 마지막까지 진실하게 따르는 사람이라면 자기도 십자가를 지고 죽으러 예루살렘에 올라가야 하는 것입니다. 그리고 마침내 주님과 함께 십자가에 달려 죽을 각오를 해야 합니다. 그것이 참으로 주님을 끝까지 따르는 것입니다. 그러므로 가이사랴 빌립보 지방에서 주님과 베드로가 나눈 대화에서 십자가를 지고 주님을 따른다는 말의 뜻은 분명합니다.

이곳 이외에 자기 십자가를 지는 문제와 관련된 교훈이 두 군데 등장합니다.[92] 이 교훈도 실은 가이사랴 빌립보 지방의 교훈 곧 자기 부인과 자기 십자가의 교훈과 다르지 않습니다. 사람으로 하여금 하나님의 뜻을 거스르게 하는 가장 강력한 힘은 역시 가족에 대한 사랑입니다. 이렇게 가족에 대한 사랑이 강하기 때문에 사람은 가족의 행복을 위해서 그리스도를 따르겠다고 작정하기가 쉽습니다. 그리스도의 힘을 빌려서 가족을 행복하게 하겠다는 생각입니다. 이것이 항구적인 위험인 까닭에 주님은 가족을 주님보다 더 사랑해서는 안된다는

---

[92] 37 아버지나 어머니를 나보다 더 사랑하는 자는 내게 합당치 아니하고 아들이나 딸을 나보다 더 사랑하는 자도 내게 합당하지 아니하고 38 또 자기 십자가를 지고 나를 따르지 않는 자도 내게 합당하지 아니하니라 39 자기 목숨을 얻는 자는 잃을 것이요 나를 위하여 자기 목숨을 잃는 자는 얻으리라 (마 10:37-39); 25 수많은 무리가 함께 갈새 예수께서 돌이키사 이르시되 26 무릇 내게 오는 자가 자기 부모와 처자와 형제와 자매와 더욱이 자기 목숨까지 미워하지 아니하면 능히 내 제자가 되지 못하고 27 누구든지 자기 십자가를 지고 나를 따르지 않는 자도 능히 내 제자가 되지 못하리라 (눅 14:25-27).

말씀으로 자기 부인을 가르치신 것입니다. 그리고 다음에는 자기 십자가를 지는 것을 가르치셨습니다.

일의 발단

누가복음 14:25-35에서는 자기를 부인하고 자기 십자가를 지고 주님을 따르는 것이 주님의 제자가 되는 조건임을 가르칩니다. 주님의 제자가 된다는 것은 수준 높은 성인이 된다는 말이 아니라 구원 받은 사람이면 누구나 주님의 제자가 되어서 주님의 가르침을 받고 그것을 순종하면서 살아야 합니다. 그런데 그렇게 되기 위해서는 자기를 부인하고 자기 십자가를 지고 주님을 따라가야 합니다.

누가복음 14:25-35은 이른바 제자도로 잘 알려진 본문입니다. 이 본문을 보면, 주님께서는 많은 사람들과 함께 길을 가고 계셨습니다. 당시 주님께서는 여러 곳을 다니시면서 복음을 전하고 계셨으므로 많은 사람들이 주님을 따라 다니면서 이적도 목격하고 가르침을 받기도 했습니다. 그렇게 길을 가고 있었다면 당연히 주님이 맨 앞서 가셨을 것입니다. 그 바로 뒤로 열 두 제자들이 따랐을 것이고, 많은 사람들이 그 뒤를 따랐을 것입니다. 그들은 모두 자기들이 주님을 따라가고 있다고 생각했을 것입니다. 주님께서는 그 사람들의 마음 속을 다 아셨으며, 어떤 사람들은 정말로 따르고 있었고 어떤 사람들은 몸은 주님을 따르지만 실제로는 자기들의 꿈과 욕망을 따르고 있다는 것을 다 아셨습니다. 이런 까닭에 주님께서는 그들에게 일의 실상을 알려 주어 그들로 하여금 오해하지 않게 해줄 필요를 느끼셨을 것입니다.

그래서 주님께서는 가던 길을 멈추고 뒤로 돌아서셨습니다. 그러자 따르던 사람들도 자연히 죽 그 자리에 섰습니다. 아마 저 뒤에 가던 사람들은 저 앞에서 주님께서 무슨 이적을 베푸시는지, 아니면 무슨 교훈을 베푸시는지 더 알기 위하여 앞 쪽으로 몰려 들거나 정신을 집중했을 것입니다. 이제 주님을 따르던 사람들과 주님이 서로 마주보게 되었습니다. 그렇게 한 연후에 주님께서 이렇게 말씀하셨습니다.

> 26 무릇 내게 오는 자가 자기 부모와 처자와 형제와 자매와 더욱이 자기 목숨까지 미워하지 아니하면 능히 내 제자가 되지 못하고 27 누구든지 자기 십자가를 지고 나를 따르지 않는 자도 능히 내 제자가 되지 못하리라 (눅 14:26-27)

이 말씀은 조건절과 귀결절로 되어 있습니다. 즉 이런 이런 조건을 만족하지 못하는 사람은 나의 제자가 될 수 없다는 말씀을 서로 다른 두 번의 경우에 대해서 하셨습니다. "무릇 내게 오는 자가"라는 말은 이 문맥에서는 지금 주님을 따르고 있는 그 사람들을 가리키지만 넓게는 그 이후 교회의 역사 속에서 주님께 가겠다고 하는 모든 사람에게 적용됩니다. 그들이 어떤 조건을 만족해야 합니까? "자기 부모와 처자와 형제와 자매와 더욱이 자기 목숨까지 미워하는" 것이 그 조건입니다. 이 조건을 만족시키지 않으면 예수님의 제자가 되지 못합니다. 여기 되지 못한다는 말은 '될 힘이 없다, 될 능력이 없다'는 뜻입니다. 이것은 그 다음 조건에서도 마찬가지입니다. "자기 십자가를 지고 따르지 않는 자도" 주님의 제자가 될 능력이 없습니다. 한글 성경에서는 이것을 "능히"라는 말로 표현했습니다.

이 말씀이 비록 충격적인 표현이기는 하지만 그것이 어떤 뜻이라는 것을 짐작하기는 어렵지 않습니다. 일단 여기 등장하는 미워해야 할 대상들이 미워할 수 없는 대상들입니다. 실은 가장 사랑하는 대상들입니다. 부모, 형제, 자매, 심지어 자기 목숨은 누가 사랑하라고 하지 않아도 거의 본능적으로 사랑하는 대상들입니다. 거기에는 혈연이라는 강력한 결속력이 있습니다. 그런데 그들을 미워해야 한다고 하셨습니다. 물론 당시 유대인들은 여기 미워한다는 말을 증오한다는 말로 해석했을 리는 없습니다. 율법에 이미 "원수를 갚지 말며 동포를 원망하지 말며 네 이웃 사랑하기를 네 자신과 같이 사랑하라 나는 여호와이니라"(레 19:18)는 말씀이 있는 까닭입니다. 그렇다면 여기 미워해야 한다는 말씀은 별다른 의미를 가질 수 밖에 없습니다. 곧 네가 지금까지 사랑하던 것, 귀중하게 여기던 모든 것에 대해서 지금까지와 동일한 심정을 가지고 있다면, 즉 사람이 마음을 기울여 사랑하는 것에 대해서 어떤 근본적인 변화, 획기적인 변화가 없다면 그 사람은 나의 제자가 될 능력이 없다는 뜻입니다. 과거와 같은 삶의 태도, 곧 가장 자연스러워 보이는 거의 본능적으로 보이는 삶에 대해서까지 부인하는 획기적인 변화가 없다면 그리스도의 제자가 못 된다는 뜻입니다. 거기에 아주 근본적인 변화가 있어야 합니다. 그 변화가 얼마나 철저한지 거의 본능적인 사랑까지도 완전히 뒤집어질 만큼 되어야 한다는 뜻입니다. 그것이 아무리 본능적이고 자연스럽다 하더라도, 그것마저도 그대로 가지고는 주님의 제자가 못됩니다. 그렇다면 다른 모든 것에 대해서는 더 말할 나위가 없습니다. 그가 소중히 여기는 모든 것, 그의 꿈과 소망, 되고자 하는 모든 것, 원하는 모든 것에 대해서 철저한 변화가 있어야 합니다. 이 말씀의 좀 더 구체적인 뜻을 주님께서 다른 곳에서 가르치셨습니다.[93]

이 두 가지 교훈을 종합해 보면, 결국 주님께서 말씀하시는 것은 다른 무엇보다도 주님을 더 사랑하지 않으면 주님의 제자가 될 능력이 없다는 것입니다. 그렇다면 주님을 따르는 것은 상당한 힘, 곧 능력이 요구됩니다. 주님을 따르는 것이 힘든 일이기 때문일 것입니다. 주님을 따르기 위해서 만족시켜야 하는 조건이 불가능하므로 사람이 자기 힘으로 주님을 따른다는 것도 불가능하다는 것을 짐작하게 됩니다. 그러면 어떤 사람에게 주님을 따를 만큼의 힘이 있다는 것을 무엇이 입증합니까? 그가 지금까지 사랑하던 모든 것보다 그리스도를 더 사랑하는 데에서 그 능력이 입증됩니다. 어떤 사람이 부모나 형제

---

[93] 37 아버지나 어머니를 나보다 더 사랑하는 자는 내게 합당하지 아니하고 아들이나 딸을 나보다 더 사랑하는 자도 내게 합당하지 아니하며 38 또 자기 십자가를 지고 나를 따르지 않는 자도 내게 합당하지 아니하니라 39 자기 목숨을 얻는 자는 잃을 것이요 나를 위하여 자기 목숨을 잃는 자는 얻으리라 (마 10:37-39).

나 아들이나 딸보다 그리스도를 더 사랑한다면 그에게는 그리스도의 제자가 될 능력이 있다는 것입니다. 그러므로 그런 사람은 그리스도의 제자가 될 수 있습니다. 그리스도의 제자가 되면 그리스도에게서 진리를 배우고 그대로 살 수 있게 됩니다. 거기에 아주 철저한 결단과 변화가 요구됩니다.

그리고는 자기의 십자가를 지지 않으면 역시 주님의 제자가 되지 못한다고 했습니다. 마태복음 10:38에서는 "또 자기 십자가를 지고 나를 따르지 않는 자도 내게 합당하지 아니하니라"고 말씀하신 후에 39절에서는 "자기 목숨을 얻는 자는 잃을 것이요 나를 위하여 자기 목숨을 잃는 자는 얻으리라"고 말씀하심으로 십자가를 지는 것이 삶과 죽음이 달린 문제임을 암시하셨습니다. 그런데 거기에 역설이 있습니다. 십자가를 지는 것은 결국 죽는 것인데, 그것이 실은 사는 길이라고 말씀하십니다. 십자가를 진다는 것은 이 세상에서 사는 길로 보이는 것을 부인하고 죽는 길로 들어가는 것입니다. 이것이 십자가를 진다는 말의 뜻입니다. 이것은 당시의 상황으로 보아도 맞는 말입니다. 당시에 십자가는 형틀이었습니다. 십자가 형을 받을 사람은 자기가 달릴 십자가를 지고 형장까지 가야 합니다. 그리고는 자기가 지고 간 그 십자가에 자기가 달려 죽습니다. 이것이 당시의 풍습이었으므로 이 말씀을 듣는 사람들이 '십자가를 진다'는 말을 들었을 때 마음속으로 무엇을 떠올렸을지는 분명합니다. 그것은 고통스러운 죽음이었습니다. 곧 주님을 따라서 죽는 데까지 이르는 사람이라야 주님의 제자가 될 능력이 있습니다. 그래서 그는 비로소 주님에게서 진리를 배우고 그것을 순종하여 살 수 있다는 것입니다.

두 가지 비유

그러므로 당시에 주님을 따르노라고 하다가 이 말씀을 들은 사람들은 스스로를 돌아보지 않을 수 없었습니다. 과연 나는 그 조건을 만족시키고 있는가? 이런 반성을 하지 않을 수 없게 하고서 주님께서는 연이어 두 가지 비유를 드셨습니다. 하나는 망대를 건설할 계획을 세우는 사람의 비유이고, 다른 하나는 열세인 군대를 가지고 전쟁을 고려하는 왕의 비유입니다. 오늘날의 상황으로 옮겨서 말한다면 어떤 사람이 집을 지을 계획을 세우고 있습니다. 집을 지으려면 당연히 돈이 필요합니다. 그러므로 집을 지으려면 앉아서 돈 계산을 해야 합니다. 만약 자기가 보유하고 있는 재산이 집을 짓기에 충분하다면 건축에 착수할 수 있습니다. 그런데 어떤 사람이 기초 공사를 끝내자 그만 돈이 다 떨어져서 공사를 중단한다면 사람들이 그를 보고 속으로 비웃을 것입니다. 어떻게 그런 예산도 없이 일을 시작했느냐 하고 말할 것입니다.

또 하나의 비유는 전쟁을 준비하는 왕입니다. 나라의 왕이 이런 저런 이유로 전쟁을 해야 하는 경우는 고대에 얼마든지 있었습니다. 자신이 침략 전쟁을 일으키기도 하고, 혹은 다른 나라의 침략을 받기도 합니다. 지금 이 비유에 등장하는 왕은 적의 침략을 받는 왕으로 보입니다. 전쟁이 어떤 이유로 발발했던 간에, 지금 이 왕은 군대가 일만입니다. 그런데 자기를 공격해 오는 왕은 병력이 이만입니다. 당연히 중과부적입니다. 하지만 전쟁은 군인의 숫자만을 가지고 하는 것이 아닙니다. 무기의 상태, 군인의 사기, 유능한 장수 등이 또한 전쟁에서는 중요한 변수입니다. 그러므로 비록 병력의 숫자는 절반이지만 다른 요소를 고려하면 전쟁을 해볼 만할 수도 있습니다. 어쨌든 병력이 적은 왕은 이런 여러 가지 고려 하에 전쟁을 할지 말지를 결정해야 합니다. 해봐야 질 것이 뻔한 전쟁이라면 애매하게 백성을 죽음으로 내몰 이유가 없습니다. 일찌감치 사신을 보내서 조공을 드리고 그 왕을 섬길 테니 군대를 거둬주십시오 하고 화평을 청해야 합니다.

이렇게 비유를 베푸신 후에 이 비유가 주님의 전체 교훈에 어떻게 적용되는지가 그 다음에 계속됩니다. [94] 앞에서 이야기한 자기 부인과 자기 십자가를 지는 것을 다른 말로 하면 자기의 모든 소유를 버리는 것입니다. 부모, 형제, 자기의 목숨이라는 말로 주님께서 정작 가르치신 것은 사람의 모든 것입니다. 사실 당시 사회에서 부모 형제를 포함한 그들의 사회적 관계망은 사람이 존재하기 위한 기본 조건이었습니다. 그러므로 부모 형제를 미워한다는 것은 그가 속한 존재의 근거를

---

94) 33 이와 같이 너희 중의 누구든지 자기의 모든 소유를 버리지 아니하면 능히 내 제자가 되지 못하리라 34 소금이 좋은 것이나 소금도 만일 그 맛을 잃으면 무엇으로 짜게 하리요 35 땅에도, 거름에도 쓸 데 없어 내버리느니라 들을 귀가 있는 자는 들을지어다 하시니라 (눅 14:33-35).

떠나는 것이므로 결국 자기 목숨을 미워하는 것입니다. 이 모든 말씀은 결국 주님을 따르는 일을 위해서는 자기의 모든 것을 포기해야 한다는 것을 의미합니다. 그러므로 앞의 두 비유에 등장하는 사람처럼 거사를 앞 둔 사람답게 자기의 각오를 살펴보라는 뜻입니다. 그가 정말로 자기의 모든 소유를 버리고 주님을 따를 각오가 되어 있다면 그에게는 주님의 제자가 될 수 있는 능력이 있습니다. 하지만 그렇지 않은 사람은 주님의 제자가 되지 못합니다.

그런데 이 군중은 자기들이 주님의 제자려니 하고 따라 가고 있습니다. 그 중에 그런 각오가 투철하지 못한 사람은 결국 주님의 제자가 되지 못할 것이며, 그들은 맛을 잃은 소금처럼 무늬만 제자가 될 것입니다. 결국은 아무 쓸모가 없어져 버림을 받을 것입니다.

결론

우리는 주님의 이 말씀이 참으로 진리임을 이해합니다. 이 말씀은 결국 주님 자신이 최후의 목적이 되어서 따라가야 주님을 따르는 것이며, 그렇게 되어야 주님의 말씀을 정말로 깨닫고 순종할 수 있다는 뜻입니다. 그런데 부모와 처자와 형제와 자매와 자기 목숨까지 미워하지 않는 사람이 주님을 따른다면 어떻게 되겠습니까? 그가 주님을 따르는 목적이 최후에 주님 자신이 아닌 부모나 처자나 형제와 자매 혹은 자기 자신을 위한 것이 됩니다. 즉 주님을 따르는 것이 그들이 마음 속으로 품고 있는 귀중한 것들의 행복을 위한 수단이 될 것입니다.

이것은 두 가지 면에서 부당합니다. 첫째, 최고의 가치를 차선의 가치로 상대화시키므로 부당합니다. 주님은 그 분 자신이 최후의 목적이 되어야지 다른 어떤 목적을 위한 수단이 될 수 없습니다. 부모, 처자, 형제, 자매, 심지어 나의 목숨까지도 주님 앞에서는 상대화가 되어 주님을 위한 수단이 되어야 합니다. 그러므로 주님을 따르기 위해서는 부모, 처자, 형제, 자매, 심지어 자기 목숨까지 미워해야 합니다. 만약 주님이 하나님의 아들이 아니라면 그렇게 할 필요가 없습니다. 하지만 그리스도가 영원한 하나님의 아들이신 바에는 반드시 그렇게 해야 합니다.

둘째, 부모, 처자, 형제, 자매, 심지어 자기 목숨까지 미워하지 않으면서 주님을 따른다면 그는 영원히 주님의 말씀을 이해하지 못합니다. 주님은 하나님을 절대적인 분으로 가르치며 그 하나님의 영광과 하나님의 뜻의 성취를 최고의 가치로 여겨야 한다고 계속해서 말씀하시므로, 그들은 그 주님의 말씀을 전혀 이해하지 못합니다. 심지어 누가복음 14:25-35의 말씀까지도 그저 강조법에 불과하려니 하고 해석할 것입니다. 즉 주님의 모든 말씀을 자기의 이해의 틀 안에서 해석하면서, 주님을 통해서 부모, 처자, 형제, 자매, 그리고 자신이 어떤 혜택을 볼 수 있느냐 하는 데에만 혈안이 되어 있을 것입니다. 그러므로 그런 사람은 주님의 제자가 될 수 없습니다. 주님의 교훈을 알아듣지도 못하니 그것을 순종한다는 것은 더욱 어림없는 일이 됩니다.

17
자기 십자가를 짐(2)

34 내가 세상에 화평을 주러 온 줄로 생각하지 말라 화평이 아니요 검을 주러 왔노라 35 내가 온 것은 사람이 그 아버지와, 딸이 어머니와, 며느리가 시어머니와 불화하게 하려 함이니 36 사람의 원수가 자기 집안 식구리라 37 아버지나 어머니를 나보다 더 사랑하는 자는 내게 합당하지 아니하고 아들이나 딸을 나보다 더 사랑하는 자도 내게 합당하지 아니하며 38 또 자기 십자가를 지고 나를 따르지 않는 자도 내게 합당하지 아니하니라 39 자기 목숨을 얻는 자는 잃을 것이요 나를 위하여 자기 목숨을 잃는 자는 얻으리라 (마 10:34-39)

십자가를 지고 나서야 주님을 따를 수 있다는 진리는 두 가지 표현으로 가르쳐졌습니다. 하나는 긍정적인 표현이고 다른 하나는 부정적인 표현입니다. 가이사랴 빌립보에서 발생한 일을 기록한 마태복음 16:24; 마가복음 8:34; 누가복음 9:23에서는 "자기 십자가를 지고 나를 따르라"는 긍정적인 표현입니다. 그런데 마태복음 10:38과 누가복음 14:27은 "누구든지 자기 십자가를 지고 나를 따르지 않는 자도 능히 내 제자가 되지 못하리라"고 되어 있습니다. 이것은 부정적인 표현이라 할 수 있습니다. 이 부정적 표현 중의 하나가 누가복음 14:27

인데, 16강에서 이것을 보았습니다.

또 하나의 부정적인 표현은 마태복음 10:38에 등장합니다.[95] 그런데 부정적인 표현의 한글 번역은 "자기 십자가를 지고 나를 따르지 않는 자"라고 되어 있습니다. 이 말은 십자가를 지기는 했는데 주님을 따르지 않는다는 말로 들립니다. 그럼 주님을 따르지 않으려면 왜 십자가를 지는가 하는 질문이 생깁니다. 또 주님을 따르지 않으면서 진 십자가라면 그게 어떤 십자가인가 하는 의문도 생깁니다. 이런 불필요한 의문이 생기는 것은 이 문장의 번역이 불명확하기 때문입니다. 원래 이 문장을 직역하면, '자기 십자가를 지지 않고 주님을 따르는 자'입니다. 주님을 따르기는 하는데, 자기 십자가를 지지 않고 따르는 사람입니다. 그러니까 누가복음 14:27의 말씀은 '누구든지 자기 십자가를 지지 않고 나를 따르는 자는 능히 내 제자가 되지 못하리라'가 됩니다. 이렇게 되어야 문맥 속에서도 의미가 분명해집니다.

누가복음의 이 이야기는 많은 사람들이 예수님을 따라서 여행을 하고 있는 중에 발생한 일이었습니다. 그 여행은 예루살렘을 향한 여정이었습니다.[96] 예루살렘을 향한 이 여행의 끝에 예수님은 십자가를 지실 것입니다. 그러므로 주님에게는 죽음을 향한 여행이었습니다. 주님께서는 지금 예루살렘으로 죽으러 가고 계시는데 많은 사람들은

---

95) 38 또 자기 십자가를 지고 나를 따르지 않는 자도 내게 합당하지 아니하니라 (마 10:38).
96) 22 예수께서 각 성 각 마을로 다니사 가르치시며 예루살렘으로 여행하시더니 (눅 13:22).

주님을 따르고 있었던 것입니다. 과연 그들이 무슨 생각으로 주님을 따르고 있었을까요? 주님을 따라갔을 때 마지막에 자기들의 눈앞에 나타나는 것이 십자가에서 수치스럽게 죽어가는 주님의 모습이라는 것을 알았을 때에도 여전히 그들이 주님을 따를까요? 나아가서, 주님을 마지막까지 따라가면 자기들도 그런 죽음을 죽을 수 있다는 것을 알고도 주님을 따를까요? 16강에서 보았듯이 한 가지 분명한 것은 그들이 주님을 따르고 있기는 했지만 그들이 모두 진정한 의미로 주님을 따르는 것은 아니라는 점입니다. 그래서 주님께서 그들을 향해서 그 말씀을 하셨습니다. 그 말씀은 이런 뜻입니다. '너희들이 지금 나를 따르고 있다고 하지만, 다 나를 따르는 것은 아니다. 나를 따르려면 자기의 십자가를 져야 한다. 너희가 지금 내 뒤를 따라오고 있지만 이 중에 만약 자기 십자가를 지지 않고 나를 따르는 사람이 있다면 그는 능히 내 제자가 되지 못한다. 나를 따라다니는 것과 나의 제자가 되는 것은 별개의 문제이다. 오해가 없어야 한다'는 뜻입니다. 이와 같이 만약 사람이 자기 십자가를 지지 않고 주님을 따른다면 그는 주님의 제자가 되지 못합니다. 주님의 제자가 되지 못한다면 주님에게서 무엇을 배우는 사람이 못됩니다. 주님은 생명의 도를 가르치는 분인데, 그 주님에게서 생명의 도를 배우지 못한다면 그는 생명의 길을 발견하지 못할 것이며 결국 살지 못할 것입니다.

마태복음 10:34-39에서는 이 현실적인 죽음의 문제가 더욱 현저하게 나타납니다.[97] 이 말씀은 제자들이 물리적인 박해를 받을 현실적인 가능성을 보여 주신 것입니다. 그들은 이 동네에서 박해를 받으면 저 동네로 피해야 하는 처지에 떨어질 것이며(10:23), 그리스도의 이름으로 박해를 받아 사람에게 미움을 받을 것입니다(10:22). 그들은 그런 생활을 계속하면서 마지막까지 견뎌야 할 것입니다(10:22). 그들은 심지어 형제로부터, 부모로부터, 혹은 자식으로부터도 박해를 당할 것입니다(10:21). 그들이 주님을 충실히 따른 결과 이런 일이 발생하는 것입니다. 그것이 마태복음 10:34-39의 배경을 형성합니다.[98]

이 말씀은 "아들이 아버지를 멸시하며 딸이 어머니를 대적하며 며느리가 시어머니를 대적하리니 사람의 원수가 곧 자기의 집안 사람이리로다" 라는 미가 7:6을 인용한 말씀으로 남조 유다가 극단적인 도덕적 나락으로 떨어지던 시기에 대한 선언이었습니다. 그러면서 남조 유다는 멸망으로 치닫고 있었습니다. 오늘날 개인주의적 사회에서는 이해할 수 없을 정도로 고대 이스라엘에서 가족의 유대는 중요했습니다. 그것이 와해된다는 것은 개인과 사회의 삶 자체가 와해되는 것이었습니다.

---

97) 16 보라 내가 너희를 보냄이 양을 이리 가운데로 보냄과 같도다 그러므로 너희는 뱀 같이 지혜롭고 비둘기 같이 순결하라 17 사람들을 삼가라 그들이 너희를 공회에 넘겨 주겠고 그들의 회당에서 채찍질하리라 18 또 너희가 나로 말미암아 총독들과 임금들 앞에 끌려 가리니 이는 그들과 이방인들에게 증거가 되게 하려 하심이라 (마 10:16-18).

98) 34 내가 세상에 화평을 주러 온 줄로 생각하지 말라 화평이 아니요 검을 주러 왔노라 35 내가 온 것은 사람이 그 아버지와, 딸이 어머니와, 며느리가 시어머니와 불화하게 하려 함이니 36 사람의 원수가 자기 집안 식구리라 (마 10:34-36).

그런데 이런 혼란이 주님을 충성스럽게 따르는 사람이 지불해야 하는 대가였습니다. 주님을 따르지만 않았다면 굳이 지불하지 않아도 되는 값을 주님을 충성스럽게 따른 결과 지불해야 했습니다. 예수님께서 십자가에서 죽으신 후에 주님의 제자가 되려면 필연적으로 선택의 기로에 서야 했습니다. 가족도 사랑하고 주님을 사랑한다는 것이 불가능했습니다. 왜냐하면 당시 유대 사회에서 그리스도를 따르는 사람들은 나사렛 이단이었고, 유대 사회에서 이단은 죽임을 당해 마땅했습니다. 그러므로 유대인 가정에서 어떤 사람이 그리스도의 제자가 되었을 때에 나머지 가족은 그 사람을 가족으로 간주하지 않았고, 심지어 죽이는 것이 마땅하다고 생각했습니다. [99]

그러므로 그들은 가족이냐 주님이냐의 양자택일 앞에 설 것이었습니다. 당시에는 예수님을 충성스럽게 따른다는 것이 이런 상황에서 그들의 남은 생애를 살아야 함을 의미하였습니다. 이것이 그들이 평생 동안 지고 가야 하는 십자가의 한 측면이었습니다. 그래서 주님께서는 "37 아버지나 어머니를 나보다 더 사랑하는 자는 내게 합당하지 아니하고 아들이나 딸을 나보다 더 사랑하는 자도 내게 합당하지 아니하며 38 또 자기 십자가를 지고 나를 따르지 않는 자도 내게 합당하지 아니하니라 (마 10:37-38)"고 말씀하심으로 주님을 가장 사랑하는 것과 자기 십자가를 지는 것을 연결해서 말씀하셨습니다. 또한

---

99) 1 내가 이것을 너희에게 이름은 너희로 실족하지 않게 하려 함이니 2 사람들이 너희를 출교할 뿐 아니라 때가 이르면 무릇 너희를 죽이는 자가 생각하기를 이것이 하나님을 섬기는 일이라 하리라 (요 16:1-2).

"39 자기 목숨을 얻는 자는 잃을 것이요 나를 위하여 자기 목숨을 잃는 자는 얻으리라" (마 10:39)는 말씀으로 그것이 궁극적으로 영원히 사느냐 죽느냐의 문제임을 또한 밝히셨습니다.

이런 가족 관계의 단절은 우리 주님께서 먼저 경험하셨습니다.[100] 예수님의 가족들이 보았을 때 예수님이 미친 사람으로 보였습니다. 만약 예수님께서 그 당시의 사회가 요구하는 모든 관습을 따르면서 하나님의 나라 구하기를 가족을 구하는 것보다 더 하지 않았더라면 그런 평가를 받지 않았을 것입니다. 예수님은 당시 관습이 요구하는 방식으로 가족과 관계를 유지하지 않으셨습니다. 또한 이런 기록도 있습니다.

> 46 예수께서 무리에게 말씀하실 때에 그의 어머니와 동생들이 예수께 말하려고 밖에 섰더니 47 한 사람이 예수께 여짜오되 보소서 당신의 어머니와 동생들이 당신께 말하려고 밖에 서 있나이다 하니 48 말하던 사람에게 대답하여 이르시되 누가 내 어머니이며 내 동생들이냐 하시고 49 손을 내밀어 제자들을 가리켜 이르시되 나의 어머니와 나의 동생들을 보라 50 누구든지 하늘에 계신 내 아버지의 뜻대로 하는 자가 내 형제요 자매요 어머니이니라 하시더라 (마 12:46-50)

여기서 예수님은 영적인 가족이 육신적인 가족에 우선한다는 것을 명확히 하셨습니다. 당시에 예수님께서는 무리에게 말씀하고 계셨습

---

[100] 21 예수의 친족들이 듣고 그를 붙들러 나오니 이는 그가 미쳤다 함일러라 (막 3:21).

니다. 당연히 하나님 나라에 대해서 말씀하셨을 것입니다. 하나님 나라란 그리스도로 말미암아 하나님으로부터 구원의 은혜를 입은 사람들이 모여 그리스도를 왕으로 모시고, 그 명령과 말씀을 순종하여 거룩한 사회를 이루는 것입니다. 그것은 혈연을 포함한 일체의 지상적인 관계를 초월하는 것입니다. 주님께서 그런 진리를 가르치고 계시는 중에 마침 문 밖에 예수님의 육신의 가족들이 와서 예수님께 무엇인가 이야기를 하고자 했습니다. 사실 그들은 지금 예수님의 말씀을 듣던 무리 가운데 앉아서 하나님 나라에 대해 배우고 있었어야 합니다. 그런데 그렇게 하지 않고 어디 멀리 있다가 지금 예수님께 무엇인가 할 말이 있어서 왔는데, 그 말들이 어떤 말인지 짐작할 수 있습니다. 마가복음 3:21의 기록으로 미루어 볼 때, 이상한 일 하고 돌아다니지 말고 집으로 돌아오라는 말을 하러 왔으리라고 짐작할 수 있습니다. 예수님의 육신의 형제들이 예수님을 모르고 믿지 않았을 때에는 그런 일들이 다 있었던 것입니다. 이런 이상한 일들이 발생한 것은 하나님께서 그 백성에게 거룩한 진리를 가르치기 위함이었습니다.

  주님의 이런 가르침이 가족에 대해서 무책임하게 되어도 된다거나, 가족 사이에 사랑이 없어도 된다거나, 가족 사이에는 불화와 갈등이 있는 것이 정상이라고 가르치시는 것은 결코 아닙니다. 도리어 그 반대입니다. 하나님께서는 인간 사회를 일정한 기간 동안 유지하실 것을 작정하셨는데, 그것을 위한 가장 기본적인 제도를 가정으로 정하셨습니다. 한 남자와 한 여자가 만나 서로 사랑을 느낀 나머지 떨어져 있는 것을 견디지 못할 정도가 되어 평생 동안 함께 지내고자 하는 간절한 소원을 가지고 혼인하여 마침내 떨어지지 않고 항상 함께 살 수 있게 됩니다. 그런 열렬한 욕망은 하나님께서 사람의 생애의 어떤 시기부터 자연스럽게 마음 속에 일어나게 하십니다. 그러므로 젊은이들이 이성에 대해 사랑을 느끼고 혼인에 이르는 것은 귀하고 좋은 일입니다. 그렇게 되지 않는 것이 도리어 비정상입니다. 물론 믿는 사람은 주 안에서 혼인해야 합니다. 그 혼인의 결속 속에 자녀들이 출생하고 그들이 성장하여 인류의 구성원이 되는 방식으로 인류는 존속하고 역사는 유지됩니다. 또한 그것이 하나님의 백성을 세상에 보내시는 가장 중요한 방식이 됩니다. 혼인과 가족의 결속을 통해서 인류가 존속되고 하나님의 백성의 숫자가 증가되는 것입니다.

뿐더러 하나님께서는 그렇게 가정을 이룬 구성원들 사이에는 가장 강력한 유대감을 가지게 하셨습니다. 그것은 본능적으로 그렇게 됩니다. 부부가 된 사람들이 평생 동안 서로를 향해서 가지는 애착, 상대방의 기쁨과 고통을 자신의 일처럼 느끼는 심정, 그들 사이에 자녀가 출생했을 때 그들에 대해서 가지는 거의 절대적인 애착과 사랑은 하나님께서 인류를 존속시키실 뿐 아니라 그 인류가 어떤 공동체가 되어야 하는지를 보이기 위한 수단입니다. 이렇게 가족의 결속은 본능적이고 강력합니다. 인간 사회에 존재하는 다른 어떤 유대감보다도 가족의 유대감은 강합니다. 다른 모든 유대감은 반성과 계산에 의해서 형성되고, 필요에 따라 취소될 수 있지만 가족의 유대감은 혈연 관계와 본능에 의한 것이기 때문에 그렇게 되지 않습니다. 물론 사람의 마음이 전도되어 극단적인 악에 빠지면 가족 속에서도 온갖 악이 저질러질 수 있지만 정상적인 가정이라면 그렇지 않습니다. 그러므로 가족이 혈연적 사랑에 의해 결속되어야 한다는 것은 기본적으로 전제되어 있습니다. 믿는 사람의 가정도 예외가 아닙니다. 거기에도 이런 자연스러운 사랑과 결속이 있습니다.

문제는 이 결속이 너무나 강한 나머지 사람은 자칫 이 가족 간의 결속을 하나님에 대한 애착과 사랑보다 우위에 둘 가능성이 있다는 점입니다. 그래서 주님께서는 하나님에 대한 사랑이 어느 정도여야 하는지를 가르치시기 위해서 가족의 이 본능적인 유대감을 예로 들어서 사용하십니다. 하나님에 대한 사랑은 이 본능적인 집착보다 강하여 그것을 제압해야 한다는 것입니다.

일차적으로 이것은 초대 교회 당시의 상황에 적용됩니다. 유대인 가족의 일원이 예수님의 제자가 되면, 예수님을 따르지 않는 가족의 다른 구성원들은 그를 설득하기 위해 모든 노력을 기울일 것입니다. 당시에 예수님을 따르는 것이 이단으로 간주되었으므로, 오늘날 기독교인이 자기 가족 중의 누군가가 여호와의 증인이나 신천지 같은 이단으로 넘어갔을 때 그들을 설득하기 위해 얼마나 열심일지를 생각해 보면 짐작이 갈 것입니다. 당시 유대인 가정은 예수님의 제자가 된 사람들에게 그런 열심을 가지고 그 길을 포기할 것을 설득했을 것입니다. 그러므로 그들이 가족의 설득을 거부하고 예수님을 따르기 위해서는 그들의 모든 설득보다 더 큰 힘이 그들 안에서 작용해야 합니다. 그것은 결국 누구를 더 사랑하느냐의 문제로 귀결됩니다. 예수님을 더 사랑하는가, 가족을 더 사랑하는가?

이차적으로는 복음이 유대교의 경계를 넘어 온 세계로 퍼져 나갔을 때의 경우를 생각할 수 있습니다. 유대교 가정의 경우와 유사한 경우들이 있을 수 있습니다. 대부분의 문화에는 그들만의 전통 종교가 있으므로, 기독교가 그런 사회에 전파되어 그것을 받아들인 사람들은 자연히 기존 종교와의 충돌이 불가피해집니다. 만약 이것이 어떤 가정에서 발생한다면 예수님 당시 유대교와 비슷한 상황이 발생할 수 있습니다. 오늘날 이슬람 국가에서 그리스도인이 된 사람들은 그와 유사한 경험을 합니다. 심지어 죽임을 당하기도 합니다. 과거 한국에서도 그와 유사한 일들이 발생했었습니다. 특별히 제사를 모시는 문제를 놓고, 새로 기독교 신자가 된 이들이 제사를 거부한 결과 박해를 당한 것입니다.

하지만 모든 가정이 이렇게 강한 종교적 신념을 가진 것은 아니므로, 무신론자의 집안에 있다가 신앙을 가지게 된 사람들은 그런 어려움을 당하지는 않을 것입니다. 무신론자의 입장에서는 신앙을 가지는 것이 다소 낯설고 우습게 보이기는 하겠지만, 그렇다고 해서 목숨 걸고 막을 만큼 심각한 일로 여기지는 않을 것입니다. 자기의 신념이 그러면 그렇게 살아라 하는 정도로 생각할 것입니다. 단지 광신도가 되어 이상한 짓만 하지 말아라 하는 정도의 생각을 할 것입니다.

이런 경우에도 믿는 사람 자신에게 문제가 있을 수 있습니다. 곧 가족의 유대가 너무 강한 나머지 기독교 신자라고 하지만 실제로는 하나님보다 가족이 우선이 될 수 있습니다. 하나님을 믿기는 하는데, 그 목적이 가족의 행복을 위한 경우가 그런 경우입니다. 거기서 가족에 대한 본능적인 사랑과 유대가 문제가 됩니다. 그것이 사람의 마음 속에서 발생하는 충돌입니다. 여러 가지 신앙적인 단어나 표현을 사용한다 할지라도 최후에 그 마음 속에서 진정으로 원하는 것이 하나님의 뜻의 성취나 하나님의 영광이 드러나는 것이 아니라 가족의 행복이라면 문제입니다. 평소에는 이런 것이 잘 드러나지 않지만, 가족에게 어려움이 생겼을 때에 비로소 진면목이 드러납니다. 발생한 어려움 속에서 다른 아무 조건이 없이 하나님의 뜻과 영광을 구하느냐, 아니면 그 어려움이 해결되는 것이 최선의 일이 되느냐 하는 데에서 그것이 드러나는 것입니다. 그러므로 "아버지나 어머니를 나보다 더 사랑하는 자는 내게 합당하지 아니하고 아들이나 딸을 나보다 더 사랑하는 자도 내게 합당하지 아니하며"라는 말씀은 일차적으로 초대 교회 당시의 상황에 적용되지만, 동일한 원리에 의해서 어느 시대의 신자에게도 적용됩니다.

이렇게 사는 것 자체가 십자가를 지는 것의 한 요소가 되겠지만, 이것이 전부가 아닙니다. 거기에는 각 사람이 독특하게 져야 하는 그 사람 자신의 십자가가 있습니다. 그래서 주님께서는 그냥 십자가라고 말씀하지 않고 '자기 십자가'라고 말씀하셨습니다. 그것을 지고 주님을 따르는 것입니다. 다른 말로 하면 신자로 산다는 것은 자기의 십자가를 지고 주님을 따라가는 것입니다. 이 자기의 십자가를 지지 않고 주님을 따르면, 그 사람 자신은 따른다고 생각하지만 주님께서는 '너는 내게 합당하지 않다' 하고 말씀하십니다. 이 말씀은 '너는 나를 따른다고 하지만 실제로는 나를 따르는 것이 아니다, 나를 따르려면 자기 십자가를 지고 따라와야 한다'는 뜻입니다.

앞에서 보았지만 십자가를 진다는 표현은 예수님 당시의 사람들에게 분명했습니다. 그것은 십자가 형을 받은 사람들이 형벌을 받는 과정의 하나였습니다. 자기를 매달 십자가를 자기가 지고 형장까지 갑니다. 그 길을 가는 동안 연도에는 사람들이 모여들어서 십자가를 지고 가는 사람을 쳐다보며 비웃음과 욕설을 퍼붓기도 합니다. 그러므로 그것은 상상할 수 있는 가장 비참한 행진이었습니다. 수치심은 죽음보다 고통스러운 법입니다. 그런데 십자가를 지고 가는 사람은 수치 속에서 죽음을 향해 가고 있었던 것입니다. 그러므로 십자가를 지고 가는 길은 심리적인 죽음이요, 십자가에 달리는 것은 육체적인 죽음입니다. 서서히 수치 속에서 죽어가는 것입니다. 그것이 히브리서에 가르쳐져 있습니다.[101] 주님은 십자가를 참으시면서 그 수치를 개의치 않으셨습니다. 그 너머에 있는 기쁨과 영광이 분명했기 때문입니다.

---

[101] 2 믿음의 주요 또 온전하게·하시는 이인 예수를 바라보자 그는 그 앞에 있는 기쁨을 위하여 십자가를 참으사 부끄러움을 개의치 아니하시더니 하나님 보좌 우편에 앉으셨느니라 (히 12:2).

이와 같이 예수님으로부터 자기 십자가를 져야 한다는 말씀을 들은 사람들은 그 말씀의 뜻을 분명히 알고 있었습니다. 그들 중 많은 사람들은 실제로 십자가를 지고 죽으러 가는 사람들을 직접 보기도 했습니다. 로마 제국에서 십자가 형벌이 심심치 않게 가해졌기 때문입니다. 하지만 주님을 따르던 사람들이 당시에는 주님의 이 말씀을 실제로 십자가를 지는 것이라고 생각하지는 않았을 것입니다. 왜냐하면 아직 주님께서 십자가에 달리시기 전이었기 때문입니다. 그러므로 그들은 그 말씀을 비유적 표현으로 생각했을 것입니다. 하지만 뒤에 그들 눈앞에서 발생한 일은 그것이 비유가 아님을 깨닫게 했습니다. 왜냐하면 주님이 실제로 십자가를 지셨기 때문이며, 주님을 따르던 사람들 중에도 십자가에서 처형을 당하는 사람들이 나왔기 때문입니다. 그러므로 십자가를 진다는 이 말이 현실적이고 생생한 말씀이 되었습니다. 복음서가 기록되던 당시에는 그런 역사적인 사실이 발생한 이후였으므로 사람들은 이 말씀을 더욱 무겁게 받아들였을 것입니다. 구원자이신 예수 그리스도께서 실제로 십자가를 지고 골고다로 가서 거기에 달려 죽으셨는데, 그 분이 말씀하시기를 자기 십자가를 지지 않고 주님을 따르는 사람은 주님께 합당하지 않다고 말씀하신 까닭입니다. 이 말씀을 아무리 약화시켜도, 주님을 따를 때에는 주님과 같은 일을 당할 각오를 확실히 해야 하는구나 하는 생각 정도는 했을 것입니다.

실제로 한 위대한 신자는 실제 죽임을 당할 생각을 했습니다. 곧 주님을 더 잘 알기 위해서 주님께서 당한 일을 자기도 당하기 원한 것입니다.[102] 사도 바울이 옥중에서 이 서신을 기록할 때에 그는 실제로 죽음을 생각하고 있었습니다. 하지만 동시에 방면되어 빌립보 교인들을 다시 만날 것을 예상하기도 했습니다. 그런 상황에서 사도는 이 말을 하고 있습니다. 곧 그리스도를 알고, 그리스도에게서 발휘된 부활의 권능을 알고, 그의 고난에 참여한다는 것이 무엇임을 알기 위하여 그리스도를 본 받아서 죽고 부활에 이르기를 원한다는 것입니다. 이 죽음은 단순히 영적인 죽음이 아니라 실제로 당하는 죽음으로 보입니다. 그리스도께서 죽임을 당하시고 부활의 권능이 그에게 역사하고 다시 부활하신 것처럼 자신도 그리스도를 따라서 죽임을 당하고, 동일한 부활의 권능과 부활을 경험하기를 원한다는 것입니다. 자기 십자가를 지고 그리스도를 따른 결과 죽임을 당한다는 것을 생생한 현실의 일로 생각한 것입니다. 적어도 초대 교회에서는 이 말씀을 실제 가능성으로 생각하지 않을 수 없었습니다.

하지만 모든 시대의 모든 사람에게 주님을 따르는 것이 초대 교회의 성도들처럼 실제적인 죽음의 가능성을 포함하는 것은 아닙니다. 이것은 오늘날 우리에게도 마찬가지입니다. 그렇다면 오늘날 이 말씀은 우리에게는 적용되지 않는다고 보아야 할까요? 그렇지 않습니다.

---

[102] 10 내가 그리스도와 그 부활의 권능과 그 고난에 참여함을 알고자 하여 그의 죽으심을 본받아 11 어떻게 해서든지 죽은 자 가운데서 부활에 이르려 하노니 (빌 3:10-11).

18
자기 십자가를 짐(3)

23 예수께서 둘러 보시고 제자들에게 이르시되 재물이 있는 자는 하나님의 나라에 들어가기가 심히 어렵도다 하시니 24 제자들이 그 말씀에 놀라는지라 예수께서 다시 대답하여 이르시되 얘들아 하나님의 나라에 들어가기가 얼마나 어려운지 25 낙타가 바늘귀로 나가는 것이 부자가 하나님의 나라에 들어가는 것보다 쉬우니라 하시니 26 제자들이 매우 놀라 서로 말하되 그런즉 누가 구원을 얻을 수 있는가 하니 27 예수께서 그들을 보시며 이르시되 사람으로는 할 수 없으되 하나님으로는 그렇지 아니하니 하나님으로서는 다 하실 수 있느니라 28 베드로가 여짜와 이르되 보소서 우리가 모든 것을 버리고 주를 따랐나이다 29 예수께서 이르시되 내가 진실로 너희에게 이르노니 나와 복음을 위하여 집이나 형제나 자매나 어머니나 아버지나 자식이나 전토를 버린 자는 30 현세에 있어 집과 형제와 자매와 어머니와 자식과 전토를 백 배나 받되 박해를 겸하여 받고 내세에 영생을 받지 못할 자가 없느니라 31 그러나 먼저 된 자로서 나중 되고 나중 된 자로서 먼저 될 자가 많으니라 (막 10:23-31)

주님의 제자가 되어 주님으로부터 생명의 도를 배우며 따르기 위해서는 자기를 부인하고 자기 십자가를 지고 따라가야 합니다. 이것은 항구적인 진리입니다. 예수님께서 지상에 계신 기간에도 그러했고 오늘날에도 그러합니다. 이것은 구약에서도 그러했습니다.

하나님의 백성의 전형을 보여준 아브라함의 생애는 이것을 선명하게 보여 줍니다. 그는 우선 고향과 친척을 떠나야 했습니다.[103] 갈대아 우르를 떠나 하란을 거쳐 가나안으로 가는 여행은 하나님의 인도를 따르는 길이었습니다. 그 길을 따라가기 위해 그는 자기 삶의 터전을 완전히 포기하고 떠나야 했습니다. 당시의 사회와 치안 상황을 생각해 보면 그것은 생명의 위험을 감수하는 일이었습니다.

다음으로는, 그 길을 가기 위해 아내인 사라를 포기할 각오를 해야 했습니다. 사람들은 아브라함이 자기 목숨을 건지기 위해 사라를 포기하는 비겁한 짓을 했다고 비난하기도 하지만, 좀 더 근본적으로 생각해 보면 애초에 아브라함이 하나님을 따르기로 하지 않았다면 그런 고통을 감수할 필요도 없었을 것입니다. 또한 아브라함은 사라를 잃더라도 자기는 살아남아야 하는 분명한 이유를 가지고 있었습니다. 처음의 언약에 사라가 포함되지 않았던 것입니다. 적어도 그것이 아브라함의 이해였습니다. 아브라함은 자신은 언약의 조상이 되기 위해 살아 남아야 하므로 필요하다면 사라를 포기할 각오까지 했던 것입니다. 그러므로 큰 그림 속에서 보면 아브라함이 하나님을 따르기 위해 얼마나 많은 것을 포기해야 했는지를 볼 수 있습니다.

이것은 사라의 입장에서도 마찬가지였습니다. 여인의 몸으로 남편을 따라 정처 없는 나그네 길을 떠나는 것이 얼마나 큰 각오와 희생

---

103) 1 여호와께서 아브람에게 이르시되 너는 너의 고향과 친척과 아버지의 집을 떠나 내가 네게 보여 줄 땅으로 가라 (창 12:1).

을 요구하는 일인지 상상할 수 있습니다. 특히 당시의 풍습대로 집안 살림을 전적으로 담당해야 하는 여성의 입장을 생각한다면 더욱 그렇습니다. 게다가 아브라함은 여행을 떠날 때부터 그 여행의 위험성을 사라에게 이야기하고, 사라의 미모 때문에 자기의 목숨이 위태해질 수 있으니 여행하는 도중에 부부가 아니라 오누이처럼 하자고 제안했습니다. 여차하면 사라를 다른 남자에게 빼앗기더라도 자기 목숨을 부지해야겠다는 생각입니다. 그 제안을 받아들였을 때 사라가 어떤 각오를 했으리라는 것을 짐작할 수 있습니다. 하지만 이것이 전부가 아니었습니다. 아브라함에게 약속된 후손을 자신이 생산하지 못하자 사라는 자기의 여종을 아브라함에게 첩으로 주어 아브라함 언약의 성취를 위한 후손을 얻을 생각을 했습니다. 사라의 입장에서는 고통스러운 결정이었을 것입니다. 이런 모든 일들은 사라가 그저 아브라함을 따라간 것이 아니라 자기의 믿음으로 적극적으로 행동했음을 보여 줍니다.

아브라함이 하나님을 온전히 따르기 위해서 마지막으로 극복해야 했던 장애는 언약의 자녀인 이삭에 대한 사랑이었습니다. 모든 것을 포기하고 여행을 떠난 목적의 결정체인 언약의 후손 이삭을 제물로 바치라고 했을 때 아브라함은 많은 생각을 했을 것입니다. 그 명령은 어떤 의미에서는 아브라함의 모든 고생을 허망하게 만들라는 것일 수도 있었습니다. 그 명령에 대한 명상의 끝에 아브라함은 위대한 부활의 신앙에 도달했고 결국 이삭을 죽여 번제로 바칠 결정을 했습니다.

신약 성경은 이 위대한 믿음의 행동을 담담하게 기록했습니다. 104) 아브라함의 부활 신앙은 부활을 이론적으로 믿기만 한 것이 아니라 행동하는 믿음이었습니다. 105)

아브라함의 부활 신앙은 이미 이삭을 낳을 때부터 드러났습니다. 106) 이렇게 해서 아브라함은 이 세상에 사는 동안 당시의 어떤 사람도 도달하지 못한 신앙의 높이에 도달했고, 어느 누구도 깨닫지 못한 하나님의 뜻과 목적에 대해 깨달았으며, 어느 누구도 누리지 못한 하나님과의 교제를 경험했습니다. 이런 아브라함의 삶을 히브리서는 이렇게 요약합니다. 107)

---

104) 17 아브라함은 시험을 받을 때에 믿음으로 이삭을 드렸으니 그는 약속들을 받은 자로되 그 외아들을 드렸느니라 18 그에게 이미 말씀하시기를 네 자손이라 칭할 자는 이삭으로 말미암으리라 하셨으니 19 그가 하나님이 능히 이삭을 죽은 자 가운데서 다시 살리실 줄로 생각한지라 비유컨대 그를 죽은 자 가운데서 도로 받은 것이니라 (히 11:17-19).

105) 21 우리 조상 아브라함이 그 아들 이삭을 제단에 바칠 때에 행함으로 의롭다 하심을 받은 것이 아니냐 22 네가 보거니와 믿음이 그의 행함과 함께 일하고 행함으로 믿음이 온전케 되었느니라 23 이에 성경에 이른 바 아브라함이 하나님을 믿으니 이것을 의로 여기셨다는 말씀이 이루어졌고 그는 하나님의 벗이라 칭함을 받았나니 24 이로 보건대 사람이 행함으로 의롭다 하심을 받고 믿음으로만은 아니니라 (약 2:21-24).

106) 17 기록된 바 내가 너를 많은 민족의 조상으로 세웠다 하심과 같으니 그가 믿은 바 하나님은 죽은 자를 살리시며 없는 것을 있는 것 같이 부르시는 이시니라 18 아브라함이 바랄 수 없는 중에 바라고 믿었으니 이는 네 후손이 이같으리라 하신 말씀대로 많은 민족의 조상이 되게 하려 하심이라 19 그가 백 세나 되어 자기 몸이 죽은 것 같고 사라의 태가 죽은 것 같음을 알고도 믿음이 약하여지지 아니하고 20 믿음이 없어 하나님의 약속을 의심하지 않고 믿음으로 견고하여져서 하나님께 영광을 돌리며 21 약속하신 그것을 또한 능히 이루실 줄을 확신하였으니 22 그러므로 그것이 그에게 의로 여겨졌느니라 (롬 4:17-22).

107) 13 이 사람들은 다 믿음을 따라 죽었으며 약속을 받지 못하였으되 그것들을 멀리서 보고 환영하며 또 땅에서는 외국인과 나그네임을 증언하였으니 14 그들이

우리는 아브라함에게서 자기를 부인하고 자기 십자가를 지고 주님을 따르는 삶의 생생한 모습을 봅니다. 아브라함에 버금갈 정도로 현저한 또 다른 예는 모세입니다. 모세의 삶에 대한 히브리서의 평가는 잘 알려져 있습니다.[108] 모세는 참으로 극적인 삶을 살았습니다. 왕자의 신분에서 살인자의 신분으로 급전직하하여 쫓기는 신세가 되었습니다. 왕궁을 버리고 광야로 들어가 양치기가 되어 40년을 지냈습니다. 이 모든 것이 고통 당하는 자기 백성을 건지려고 나섰기 때문이었습니다. 물론 이 백성은 하나님의 언약이 있는 백성이었습니다. 모세는 그것을 알고 있었습니다.

그의 열정과 자신감과 지식을 순화시켜 하나님께서 사용하실 수 있을 만큼 부드러운 성품을 만들기 위해 40년이 필요했습니다. 마침내 모세는 "이 사람 모세는 온유함이 지면의 모든 사람보다 더하더라"(민 12:3)는 평가를 받는 정도에 이르렀습니다. 광야에서 발생한 일과 당시 이스라엘 백성의 상태를 보면 왜 이렇게도 온유한 사람이 지도자

이같이 말하는 것은 자기들이 본향 찾는 자임을 나타냄이라 15 그들이 나온 바 본향을 생각하였더라면 돌아갈 기회가 있었으려니와 16 그들이 이제는 더 나은 본향을 사모하니 곧 하늘에 있는 것이라 이러므로 하나님이 그들의 하나님이라 일컬음 받으심을 부끄러워하지 아니하시고 그들을 위하여 한 성을 예비하셨느니라 (히 11:13-16).

108) 24 믿음으로 모세는 장성하여 바로의 공주의 아들이라 칭함 받기를 거절하고 25 도리어 하나님의 백성과 함께 고난 받기를 잠시 죄악의 낙을 누리는 것보다 더 좋아하고 26 그리스도를 위하여 받는 수모를 애굽의 모든 보화보다 더 큰 재물로 여겼으니 이는 상 주심을 바라봄이라 27 믿음으로 애굽을 떠나 왕의 노함을 무서워하지 아니하고 곧 보이지 아니하는 자를 보는 것같이 하여 참았으며 28 믿음으로 유월절과 피 뿌리는 예식을 정하였으니 이는 장자를 멸하는 자로 그들을 건드리지 않게 하려 한 것이며 (히 11:24-28).

로 필요했는지를 알 수 있습니다. 이스라엘의 지도자가 된 이후로 모세는 하루도 마음 편할 날이 없었습니다. 백성의 지속적인 반항에 지치고 또 지쳤지만 모세는 그들과 함께 40년간 광야를 방황해야 했습니다. 참으로 기구한 일이 아닐 수 없었습니다. 하나님의 백성을 생각하지 않고 자기의 행복을 생각했더라면 애굽 왕실이 제공하는 세상의 모든 즐거움을 평생 동안 즐기면서 살 수 있었을 것입니다.

백성의 지속적인 저항은 마침내 온유함이 지면의 모든 사람보다도 더한 모세로 하여금 화를 내게 만들었고 그 잘못으로 모세는 가나안에 들어가는 특권을 박탈 당했습니다. 모세는 그것을 참으로 안타까워 했습니다.[109]

아브라함과 모세만큼 상세하게 기록되지는 않았다 하더라도 구약의 모든 참 선지자들도 그들과 같이 자기를 부인하고 자기 십자가를 지고 주님을 따랐습니다. 그것을 주님께서 요약하여 말씀하셨습니다.[110] 그 말씀은 주님께서 앞으로 보낼 사람들이 어떤 일을 당하리

---

[109] 23 그 때에 내가 여호와께 간구하기를 24 주 여호와여 주께서 주의 크심과 주의 권능을 주의 종에게 나타내시기를 시작하셨사오니 천지간에 어떤 신이 능히 주께서 행하신 일 곧 주의 큰 능력으로 행하신 일 같이 행할 수 있으리이까 25 구하옵나니 나를 건너가게 하사 요단 저쪽에 있는 아름다운 땅, 아름다운 산과 레바논을 보게 하옵소서 하되 26 여호와께서 너희 때문에 내게 진노하사 내 말을 듣지 아니하시고 내게 이르시기를 그만해도 족하니 이 일로 다시 내게 말하지 말라 27 너는 비스가 산 꼭대기에 올라가서 눈을 들어 동서남북을 바라고 네 눈으로 그 땅을 바라보라 너는 이 요단을 건너지 못할 것임이니라 28 너는 여호수아에게 명령하고 그를 담대하게 하며 그를 강하게 하라 그는 이 백성을 거느리고 건너가서 네가 볼 땅을 그들이 기업으로 얻게 하리라 하셨느니라 (신 3:23-28).

[110] 34 그러므로 내가 너희에게 선지자들과 지혜 있는 자들과 서기관들을 보내매 너희가 그 중에서 더러는 죽이거나 십자가에 못 박고 그 중에서 더러는 너희 회

라는 것을 구약의 경우를 들어 보여 주신 말씀입니다. 구약의 이스라엘 백성은 모든 참 선지자를 핍박했습니다. 그와 마찬가지로 앞으로 주님께서 보내시는 종들도 핍박할 것입니다.

그 가장 현저한 일이 사도 바울에게서 이루어졌습니다. 그는 "5 나는 팔일 만에 할례를 받고 이스라엘 족속이요 베냐민 지파요 히브리인 중의 히브리인이요 율법으로는 바리새인이요 6 열심으로는 교회를 박해하고 율법의 의로는 흠이 없는 자라"(빌 3:5-6)고 말할 수 있을 만큼 자신의 가문과 뿌리에 대해 자랑할 만한 사람이었습니다. 그는 당시에 촉망 받는 유대교의 지도자로서, 지적인 능력에 있어서나 도덕적인 개결성에 있어서나 믿음을 실행하는데 있어서 타의 추종을 불허했습니다. 만약 그리스도의 제자가 되지 않고 그 자리에 그대로 있었더라면 탄탄대로가 그 앞에 약속되어 있었습니다. 이것은 종교 개혁자들에게서도 마찬가지였습니다. 하지만 사도는 "24 믿음으로 모세는 장성하여 바로의 공주의 아들이라 칭함 받기를 거절하고 25 도리어 하나님의 백성과 함께 고난 받기를 잠시 죄악의 낙을 누리는 것보다 더 좋아하고 26 그리스도를 위하여 받는 수모를 애굽의 모든 보화보다 더 큰 재물로 여겼으니"(히 11:24-26상)라는 말씀처럼 그리스도를 위하여 모든 것을 버렸습니다. 그가 그리스도를 위해 당한 모든 고난을 설명하는 것은 또 다른 긴 이야기가 되어야 합니다.

당에서 채찍질하고 이 동네에서 저 동네로 따라다니며 박해하리라 35 그러므로 의인 아벨의 피로부터 성전과 제단 사이에서 너희가 죽인 바라갸의 아들 사가랴의 피까지 땅 위에서 흘린 의로운 피가 다 너희에게 돌아가리라 (마 23:34-35).

여기서 아브라함과 모세와 구약의 선지자들과 사도 바울의 경우만을 간단히 살펴 보았지만, 이 모든 일들은 결국 그리스도의 뒤를 따른 것이었습니다. 왜냐하면 그 모든 자기 희생의 최고의 절정이 그리스도이기 때문입니다. 우리 주 예수 그리스도께서 포기하신 것은 세상의 행복과 즐거움이 아니라 하늘의 영광이었습니다. [111]

그리스도의 고난을 이야기할 때에 그 절정은 십자가이지만 그것이 고난의 모든 것은 아닙니다. 그리스도께서 사람의 몸을 입고 이 세상에 계신 것 자체가 말할 수 없는 고난이었습니다. 만약 의인이 강도의 소굴 속에서 살아야 한다면 그것이 얼마나 큰 고통일지 상상할 수 있습니다. 사람의 세계에서도 그것이 고통이라면, 완전히 거룩한 하늘의 하나님의 나라에 계시던 분이 이 땅에 내려와 인간의 죄악 속에서 살아야 한다면 그 고통이 얼마나 컸을지 우리는 상상도 할 수 없습니다. 주 예수께서는 자신이 창조하신 사람들, 뿐만 아니라 자기 백성으로 삼으신 사람들로부터 비웃음과 버림을 당하셨습니다. [112] 주님의 친족들은 예수님을 미치광이 취급했습니다. [113] 뿐더러 예수님께서 창조하여 자기 백성 가운데 보내시면서 가서 예수님의 뜻을 잘 행하라고

---

111) 5 너희 안에 이 마음을 품으라 곧 그리스도 예수의 마음이니 6 그는 근본 하나님의 본체시나 하나님과 동등됨을 취할 것으로 여기지 아니하시고 7 오히려 자기를 비워 종의 형체를 가지사 사람들과 같이 되셨고 8 사람의 모양으로 나타나사 자기를 낮추시고 죽기까지 복종하셨으니 곧 십자가에 죽으심이라 (빌 2:5-8).

112) 9 참 빛 곧 세상에 와서 각 사람에게 비추는 빛이 있었나니 10 그가 세상에 계셨으며 세상은 그로 말미암아 지은 바 되었으되 세상이 그를 알지 못하였고 11 자기 땅에 오매 자기 백성이 영접하지 아니하였으나 (요 1:9-11).

113) 20 집에 들어가시니 무리가 다시 모이므로 식사할 겨를도 없는지라 21 예수의 친족들이 듣고 그를 붙들러 나오니 이는 그가 미쳤다 함일러라 (막 3:20-21).

명하신 사람들은 예수님을 향해서 귀신이 들렸다고 했습니다.[114] 이것이 예수님이 지상 생애 동안 당하신 고난의 일부였습니다. 사람들의 이런 몰이해와 무고는 의인의 마음을 고통스럽게 하기 마련입니다.

  이 수치와 고통의 절정은 십자가를 지고 '비아 돌로로사'를 통과하여 골고다로 가는 길이었습니다. 그것은 사람들의 오해와 무지의 절정을 보여줍니다. 마치 자신이 창조한 자기 백성에게 버림을 받았듯이, 길가에 선 사람들은 자기들을 구원하기 위해 대신 형벌을 받으러 가는 주님을 비웃었던 것입니다. 그 전날 밤의 매질과 고문으로 기운이 진한 예수님은 그 십자가를 질 힘이 없어 타인의 힘을 빌려야 했습니다. 복음서 저자들은 담담한 필치로 그 모습을 그려나갔습니다. 그 모습을 담담하게 그려나가기는 했지만 마음 속으로는 무엇을 생각했을까요?

  하지만 이 모든 것들이 찬란한 승리를 향한 행진이었다는 것이 세상 사람들의 눈에는 감춰져 있습니다.[115] 주님께서 그 길을 가시면서 사람들을 향하여 자기를 부인하고 자기 십자가를 져야만 주님을 따

---

114) 22 예루살렘에서 내려온 서기관들은 그가 바알세불이 지폈다 하며 또 귀신의 왕을 힘입어 귀신을 쫓아낸다 하니 (막 3:22).

115) 9 이러므로 하나님이 그를 지극히 높여 모든 이름 위에 뛰어난 이름을 주사 10 하늘에 있는 자들과 땅에 있는 자들과 땅 아래 있는 자들로 모든 무릎을 예수의 이름에 꿇게 하시고 11 모든 입으로 예수 그리스도를 주라 시인하여 하나님 아버지께 영광을 돌리게 하셨느니라 (빌 2:9-11); 1 이러므로 우리에게 구름같이 둘러싼 허다한 증인들이 있으니 모든 무거운 것과 얽매이기 쉬운 죄를 벗어 버리고 인내로써 우리 앞에 당한 경주를 하며 2 믿음의 주요 또 온전하게 하시는 이인 예수를 바라보자 그는 그 앞에 있는 기쁨을 위하여 십자가를 참으사 부끄러움을 개의치 아니하시더니 하나님 보좌 우편에 앉으셨느니라 (히 12:1-2).

를 수 있다고 하셨습니다. 우리는 아브라함의 생애에서, 모세의 생애에서, 사도 바울의 생애에서 자기 십자가를 진다는 것이 어떤 일인지 보았습니다. 그 모든 사람들은 다른 시대에 출생하여 다른 성격의 삶을 살았습니다. 아브라함의 생애는 모세와 바울과 달랐고, 모세와 바울의 생애도 마찬가지였습니다. 그들이 산 시대와 환경이 달랐고 그들에게 맡겨진 일이 달랐습니다. 아브라함과 바울이 경험했던 생명의 위협은 모세가 경험했던 것과 형태가 달랐습니다. 그러므로 각 사람은 자기가 담당해야 하는 몫이 있습니다. 어떤 사람도 대속을 위한 십자가를 지지는 않습니다. 그것은 오직 주 예수 그리스도만이 질 수 있는 십자가입니다. 하지만 그리스도를 따르려는 사람은 자기의 십자가를 져야 합니다. 그것이 자기의 십자가인 이유는 그것이 그가 사는 시대와 환경이 그에게 요구하는 독특한 십자가이며, 그 사람의 삶과 관련된 십자가이고, 그가 하나님께로부터 받은 사명과 관련된 십자가이기 때문입니다.

주님에게는 십자가를 지는 것이 주님께서 이 땅에 오신 목적이요 사명이었듯이, 각 사람은 자기가 보냄을 받은 목적과 사명이 있습니다.[116] 그러므로 십자가를 진다는 말은 그 안에 고난을 함축하고 있습니다. 어떤 시대에는 실제 죽음일 수도 있지만 어떤 시대에는 실제 죽음이 아닌 고난입니다. 하나님 나라를 위한 고난을 피하려는 것은

---

[116] 10 우리는 그가 만드신 바라 그리스도 예수 안에서 선한 일을 위하여 지으심을 받은 자니 이 일은 하나님이 전에 예비하사 우리로 그 가운데서 행하게 하려 하심이니라 (엡 2:10).

십자가를 지지 않겠다는 것입니다.[117]

다음으로 기억할 것은 세상살이의 고생 자체가 십자가는 아니라는 점입니다. 세상살이의 고생은 신자와 불신자를 막론하고 모든 사람이 당하는 일입니다. 하나님께서는 처음에 사람으로 그렇게 살도록 하지 않으셨으나 아담의 범죄로 말미암은 형벌 속에 모든 사람이 갇힘으로 인하여 사람은 이 세상을 사는 동안 고통을 당하고 있습니다. 이것은 재산이나 지식이나 명예의 정도와 무관하게 모든 사람이 당하는 것입니다. 물론 어떤 사람은 경제적인 고생을 좀 더 하고, 어떤 사람은 신체적인 불구나 질병으로 인해 더 큰 고생을 더 합니다. 하지만 그것은 정도의 문제입니다. 모든 사람은 이 세상을 사는 동안 고생을 하면서 살게 마련입니다. 사람은 제한된 경험을 하기 때문에 자기가 경험하지 못한 다른 사람의 삶은 고생이 없는 것처럼 생각하기 쉽습니다. 하지만 그렇지 않습니다. 하나님의 말씀은 우리가 경험하지 못한 다른 사람의 삶에 대해서도 가장 정확한 진단을 내립니다. 그러므로 우리는 하나님의 말씀을 믿어야 합니다. 그러므로 세상살이의 생활의 고통을 십자가라고 생각하지 말아야 합니다.

위에서 본 것처럼 신자 각 사람이 지는 십자가는 그리스도로 인해 당하는 고통이면서 동시에 하나님께서 주신 사명을 감당하는 일에 따라오는 고통입니다. 주님께서 그것을 반드시 져야 한다고 말씀하신 것은 그것이 쉽지 않은 일임을 이미 보여줍니다. 동시에 그것을 지

---

[117] 12 무릇 그리스도 예수 안에서 경건하게 살고자 하는 자는 박해를 받으리라 (딤후 3:12).

지 않고 따르는 사람은 주님에게 합당하지 않다고 말씀하심으로 사람이 자기의 결정에 의해 그것을 지지 않을 수도 있는 고통임을 보여 줍니다. 그것은 자기가 회피할 수도 있지만 주님을 따르기 위해서 자기가 지기로 결정하고 지는 고통입니다. 이렇게 자기 십자가는 피할 수도 있는 고생의 길을 각 사람이 주님을 따르기 위해 자초하여 걷는 것입니다. 사람은 이 십자가를 지지 않고 주님을 따른다고 할 수 있습니다. 하지만 그런 사람은 주님께 합당하지 않습니다. 다시 말하면 자신은 주님을 따른다고 하지만 실제로는 주님을 따르지 않는다는 뜻입니다.

그러므로 우리는 신자로 사는 동안 내내 자신을 돌아보아야 합니다. 주님께서 자기 십자가를 지지 않고 나를 따르는 자는 내게 합당하지 않다고 말씀하셨다면 따르는 사람이 그것을 알 수 있다는 뜻입니다. 만약 알 수 없다면 그 말씀은 아무 의미 없는 말씀이 되고 맙니다. 과연 우리는 각각 자기의 십자가를 지고 주님을 따르고 있는가? 자기 십자가는 한동안 지고 가다가 내려놓는 것이 아니라 이생에서 주님을 따르는 생애 내내 지고 있어야 하는 것입니다. 주님께서 십자가를 내려 놓은 것이 죽음 이후이었듯이, 우리도 죽음으로 비로소 그 십자가를 내려놓을 것입니다. 하지만 그 십자가를 내려 놓는 순간 우리는 영광으로 들어갈 것입니다. 그 때 비로소 우리가 지고 온 십자가라는 것이 우리를 기다리는 영광에 비해 아무 것도 아님을 알 것입니다.[118] 하지만 지금 우리에게 십자가는 고난입니다. 만약 우리가 아직 경험하지 않은 영광, 하나님께서 약속하신 영광을 위하여 이 세상에서 자기 십자가를 지고 산다면 이는 우리가 하나님의 약속을 진정으로 믿는다는 표시입니다. 이것이 이 세상에서 자기 십자가를 지고 주님을 따라야 할 또 다른 이유입니다.

---

[118] 17 우리가 잠시 받는 환난의 경한 것이 지극히 크고 영원한 영광의 중한 것을 우리에게 이루게 함이니 (고후4:17).